동아시아 선의
르네상스를 찾아서

동아시아 선의
르네상스를 찾아서

정운 스님의 무상과 마조, 구산선문 기행기

클리어마인드
CLEARMIND

사천성 성도 대자사에 모셔진 무상

사천성 시방시 나한사 오백나한전에 모셔진 무상

베이징 홍라사에 모셔진 오백나한 중 455번째 무상상

강서성 정안 보봉사 조사전에 모셔진 마조상

강서성 감주 보화사 대각전에 안치되어 있는 서당지장 탑

석남사 조사전에 모셔져 있는 도의 선사 진영

책장을 열면서

"아니, 왜 중이 절집에 들어갈 수 없습니까? 택배 차나 우체국 차도 다 드나드는데, 승려인 내가 절에 들어갈 수 없다니요? 도량에 들어갔다가 10분 만에 나오겠습니다."

당연히 짐작하고 있었다. 구산선문 사찰 순례 중 문경 봉암사는 결제 기간이라고 산문 입구에서부터 제지당했다. 산문 입구를 지키는 거사님은 원주 스님과 통화한 뒤, 더 완곡한 자세로 나왔다. 한참 실랑이를 벌이며, 무식한 배짱으로 버텼다. 잠시 후 문화재관리국 사람들이 출입 문제로 원주 스님께 전화할 때, 말 그대로 또 '떼깡'을 부렸다. 결국 원주 스님이 허락해 봉암사에 들어갔는데, 10분이 아니라 한 시간을 도량에 머물렀다. 지면으로나마 봉암사 선객 스님들께 용서를 구하고, 원주 스님께 감사드린다.

이 책 구성은 2부로 나뉘어져 있는데, 1부는 무상 대사와 마조 스님의 행적지 순례이고, 2부는 구산선문 사찰 순례이다. 책상머리에서 나온 글이라기보다는 직접 순례를 통해 발로 쓴 글들이다. 중국 순례(무상과 마조 행적지)는 무더운 여름이었는데, 한국 구산선문 순례는 눈 내리는 겨울이었다. 실은 한국 순례보다 중국 사천성 순례가 먼저이다. 특히 이번 글을 준비하면서 한국 사찰과 탑에 애정이 깊어졌다. 예전 중국의 사찰과 탑을 많이 보았지만, 내 나라 땅의 사찰과 탑은 어디에도 비견할 수 없는 최고의 아름다움을 간직하고 있음을 마음에 새기게 되었다.

마조도일은 당나라 최고의 선사이자, 조사선의 개조라고 칭한다. 이런 마조가 신라인 무상 대사의 제자라는 법맥 문제가 오래전부터 제기되었고 학계에서도 종종 거론된다. 무상 대사는 사천성에서 수행하고 법맥을 받았으며 사천성에서 열반하였다. 마조는 사천성 출신으로서 이곳에서 출가해 삭발하고, 젊은 시절 사천성에서 수행하였다. 무상 대사와 마조 행적지인 사천성을 중심으로 문화적·불교사적·역사적·지리적 관점에서 두 분의 인연을 살펴보았다.

한편 마조 스님은 한국불교와도 연관이 깊다. 조계종의 근원이 되는 신라 말 고려 초의 구산선문 가운데 7산문과 뭇 승려들이 마조계 법을 받아와 신라 땅 곳곳에 산문을 열었기 때문이다. 무상 대사와 신라 말 고려 초의 구법승들 사이에는 시공간을 초월해 끊을래야 끊을 수 없는 한국인의 연이 맞닿아 있다. 1,200여 년이 흐른 지금의 필자에게도 이런 끈끈함은 진한 피붙이 같은 인연이다. 마조는 무상과 신라 승려들의 교량 역할을 하고 있다. 이에 필자는 무상 대사와 마조와의 법연, 마조계 법맥인 구산선문에 관한 글을 1부와 2부로 엮게 되었다.

    무상 대사는 신라 성덕왕의 셋째 왕자이다. 스님은 44세에 입당한 이래 고국에 돌아오지 않고, 78세로 당나라에서 입적하셨다. 중국에 선이 확립되는 시기에 무상 대사의 정중종은 초기 선종역사에 지대한 역할을 하였고, 무상 대사의 선사상이 티베트에 최초로 전래되었다. 또한 무상 대사는 중국불교에서 숭상하는 오백나한 가운데 455번째 나한으로 모셔져 있다. 무상은 변방인으로서 받는 차별대우와 외로움을 구도의 열정으로 승화시켰다.

    왜 무상은 고귀한 신분으로 태어나 세속 나이로도 적지 않은 40대에 타국에 들어가 이국땅에 유골을 묻어야 했는지 필자의 뇌리에서 떠나지 않는 화두였다. 몇 년 전 필자가 처음 중국 사찰 순례를 시작한 때가 무상이 입당했을 때의 나이와 같았다. 무상과 묘한(나의 감정이입이지만) 동질감 같은 이미지를 가지고 있었다. 당시 인간적인 성장통이었는지 모르겠지만 오랫동안 쌓은 습에서 벗어나고 싶었고, 교학보다는 수행코자 하는 고픔이 있었다.

    조계종은 선종이지만 화엄과 정토, 천태사상 등이 어우러져 있다. 원효의 화쟁사상이나 의상의 화엄, 원측의 유식, 자장의 계율, 혜초의 구법정신까지 조계종에 용해되어 있다. 원고를 준비하면서 법맥을 강조하다

보니, 마치 한국불교의 정수는 없고 중국 사대사상이 부각되는 느낌을 배제할 수 없었다. 하지만 법맥 문제만큼은 국적을 떠나 승가의 상징이요, 재가자들이 범접할 수 없는 승가의 위용이라고 생각한다.

이 글은 "무상·마조 선사의 발자취를 찾아서"라는 테마로 재작년 겨울부터 이듬해 봄까지 〈법보신문〉에 실렸던 원고이다. 순례할 때나 신문 게재할 때는 출판까지는 생각지 못했지만 뭇 인연들의 격려로 책으로 엮게 되었다. 무상 대사에 관해서는 출판이나 저서를 통해 널리 알려져 있어 필자는 매너리즘에 빠진 답습을 뛰어넘고자 한계 이상으로 노력했음을 밝혀둔다.

이 원고를 준비하면서 글 쓰는 일이 얼마나 고독한 작업인지를 실감했다. 자의 반 타의 반 원고가 몇 차례 지연되었고, 뜻하지 않은 복병이 그라운드에 나타나 수차례 나를 괴롭혔지만 무상 대사의 보살핌으로 원만하게 회향하였다.

학문적인 순례의 글이 출판계에 환영 받지 못함에도 불구하고, 근사한 책으로 빚어낸 클리어마인드에 깊은 감사를 표한다. 이 책이 나오기까지 염려해 주신 스님들과 인연들에 감사드린다. 졸고지만 앞으로 한국불교 발전에 작은 밑거름이 되기를 간절히 발원한다.

이천십이년 이른 봄
개웅산 니련선하원에서 정운

목차

· 책장을 열면서 _10

1부 — 무상과 마조의 행적을 찾아서

1장 무상 대사, 신라 땅을 떠난 후 고향에 돌아오지 않았다 _21

홀로 떠남, 그리고 사천성 _23
중국불교사적 위치에서 본 신라 왕자 무상 대사 — 성도 대자사 _31
무상은 신라 땅을 떠난 후 고향에 돌아오지 않았다 — 사천성 성도 _42
정중사 옛터에서 무상 대사를 그리다 — 성도 정중사지와 문수원 _52

2장 마조와 신라 구산선문과의 인연 _65

마조와 신라 구산선문과의 인연 — 시방시 마조의 출가 사찰 나한사 _67
마씨네 키쟁이 코흘리개가 지나가네 — 시방시 마조 출생지 마조사 _77
시골 버스 안에서 느낀 중국인들의 따스함 — 삼대현 혜의정사 Ⅰ _87
무상·무주·마조·서당의 진영을 그리며 — 삼대현 혜의정사 Ⅱ _95

3장 무상 대사의 구법 _105

무상 대사의 위대한 정진력 — 성도외곽 천곡산(현 청성산) _107
도를 얻으려면 청성산으로 가라 — 성도외곽 청성산 _118
무상, 소지공양으로 강한 구법의지를 드러내다 — 자중현 덕순사(현 영국사) _129
무상, 스승으로부터 법을 받은 곳 — 자중현 덕순사(현 영국사) _137

4장 무상과 마조의 법연 _149

추우면 얼려 죽이고, 더우면 쪄서 죽여라 — 차를 마시며 쉬어가다 _151
무상의 선사상이 티베트에 최초로 전해지다 — 성도가는 길녘에서 _158
장송산마와 마조는 동일한 인물인가 — 용천진 장송산 마조동 _166
무상과 마조의 아름다운 법연 — 행적 순례를 마치면서 _175

5장 사천성 승려들 _189

비구니의 애환 — 성도 애도원 _191
왜 이 절에 젊은 승려가 없을까? — 신도현 보광사 _199
《벽암록》과 다선일미의 원오극근을 찾아 — 성도 소각사 _211
현명한 공명과 불운의 시인 두보 — 성도 무후사와 두보초당 _223

2부 — 한국의 구산선문

1장 무상 대사의 가르침 _235

2장 마조 선사의 가르침 _247

평상심이 도 _249
마음이 곧 부처 _253

달마가 오든, 부처가 오든 상관할 바가 아니다. 너는 누구냐? _262

마조의 고함 소리에 삼일 동안 귀가 먹었던 제자 _265

3장 마조 문하 제자들 이야기 _269

나는 거꾸로 선 채 죽어야겠다 — 등은봉 _271

인생의 영광은 부처에게 선택되는 일 — 오설영묵 _274

스님을 만나지 못했더라면 일생을 헛되이 보낼 뻔 했군 — 황삼랑거사 _278

마음에 드는 물건이 있으면 마음대로 가져가시오 — 담장 _281

법당은 훌륭한데, 법당 안에 부처가 없군 — 분주무업 _284

마조의 한번 질타에 평생 했던 공부가 얼음 녹듯이 녹았다 — 양좌주 _287

매실이 다 익었군 — 대매법상 _289

배고프면 밥 먹고, 피곤하면 잠잔다 — 대주혜해 _292

내가 관음인데 관음보살을 찾고 경전 볼 필요가 있는가? — 마조의 조카 장설보살 _296

4장 마조의 신라계 제자 이야기 (구산선문) _301

돌 더미에서 귀한 옥을 얻었으니 조개 가운데 진주를 줍는 것과 같도다
— 가지산문 도의 _303

고요할 때는 산이 세워지고, 움직일 때는 골짜기가 응한다 — 실상산문 홍척 _313

부처님의 마음(선)과 부처님의 말씀(교)은 같은 것이다 — 동리산문 혜철 _318

해와 달에게 동쪽 서쪽이 무슨 장애가 되겠습니까? — 사굴산문 범일 _323

다른 사람이 먹은 음식이 나의 굶주림을 해결해 주지 못하는 법 — 성주산문 무염 _331

신라 4대왕으로부터 귀의를 받은 승려 — 봉림산문 현욱　　　　　_339
화엄의 이치가 어찌 심인의 묘용과 같겠는가? — 사자산문 도윤　　_346
범패·다도·의술을 통한 불교문화의 선구자 — 쌍계사 진감　　　_351
신라 7산문과 그 외 마조계 법맥　　　　　　　　　　　　　　　_357

부록

- 후기　　　　　　　　　　　　　　　　　　　　　　　　_360
- 무상과 마조의 행적 비교　　　　　　　　　　　　　　　_366
- 나말여초 구산선문　　　　　　　　　　　　　　　　　　_367
- 중국 선종사 법맥도　　　　　　　　　　　　　　　　　　_368
- 한국의 구산선문(한국 지도)　　　　　　　　　　　　　　_370
- 마조와 제자들의 행화도량(중국 지도)　　　　　　　　　　_372
- 사천성에서 무상과 마조의 발자취(사천성 지도)　　　　　_374

1
무상과 마조의 행적을 찾아서

무상 대사는 신라국 왕자로서 四十四세에 당나라에 들어가 그곳에서 입적한 선사이다. 무상 대사에 관해 표출되지 않은 점이 있다면, 무상이 왕실에서의 보이지 않는 암투와 절망에 매우 힘들었을 것이다. 무상 대사가 느낀 인간에 대한 비애와 무상함이 일반 평민보다 뼈저리게 절실했던 만큼 이를 극복하기 위해 법을 구하고자 하는 구도심은 상대적으로 높았으리라 짐작된다.

1장

무상대사,
신라 땅을 떠난 후
고향에 돌아오지 않았다

홀로 떠남, 그리고 사천성

작별인사 하려고 문 앞에 서니, 대나무 숲이 있네.
자네를 위해 잎사귀마다 산들바람이 이네.
— 무명

떠남이 또 시작되었다.

오래전 몇 년 동안 중국을 비롯해 미얀마, 티베트 등 여러 지역을 여행하였다. 몇 년 전 중국에 있는 일 년 반 동안 베이징에 잠깐 안주해 살면서도 몇 번을 이사했다. 중국 여러 지역을 여행할 때도 사찰에서 며칠 간 머문 경우를 제외하고, 거의 매일 이동하였다. 미얀마에서도 3개월 정도 머물렀던 수행센터는 두 곳, 한 달간 머문 수행센터도 두 곳이고, 그 이외 미얀마를 여행하는 동안에도 매일 가방을 싸고 푸는 일이 다반사였다.

근래 지인들과 베이징(北京)의 한 숙소에 머물며 베이징 명소를 여행한 일이 있는데, 여행 같지가 않았다. 며칠 동안 가방 싸고 푸는 일이 없었기 때문이다. 이전 여행에서는 참 지겹게도 가방을 싸고 풀었다. 아침 일찍 버스나 기차를 타야 하는 경우, 저녁에 풀었던 짐을 되싸는 일이 보통 성가신 일이 아니다. 게다가 노트북과 코펠, 몇 권의 책을 들고 다니다보니 가방이 꽤 무거운데도 그 무거운 가방을 끌고 다녔다.

짐을 줄일 생각은 하지 않고 바퀴를 굴릴 수 없는 곳에서는 뻔뻔하게 중국인 아저씨들에게 들어달라는 말을 서슴없이 하였다. 처음 여행할 때, 무거운 가방을 들었다가 허리 아픈 적이 있어 꾀를 쓰는 셈이다. 아무튼 끌고 다니는 가방 바퀴가 고장 나서 여행 가방을 몇 개 바꾸었으니, 몇 년간은 떠남의 연속이었던 것 같다.

《사십이장경》에 의하면 부처님께서는 "하루 한 끼만 먹고 나무 밑에서 하룻밤을 지내되, 절대 두 밤을 자지 말라. 애착과 탐욕이 생기기 때문이다."라고 하셨다. 그만큼 수행자는 어쩔 수 없이 누려야 하는 최소한도의 의식주만 취할 것이요, 탐욕부리지 말라는 뜻이 담겨 있다.

현 한국 사회에서는 부처님 재세시 인도처럼 살 수 없지만 주거 지역에 대해 어느 정도 소탈할 수 있었고, 수행자가 소유하는 것 자체가 얼마나 무가치한지를 여행을 통해서 배우게 되었다. 한편 여러 경험들을 통해 출가자로서의 자유와 무소유정신이 어떤 의미를 담고 있는지에 대해 모색하는 계기가 되었다.

이 '떠남'이라는 단어만 들어도 가슴이 설렌다. 언제부터인가 떠나고자 하는 역마살이 계속 나를 부추긴다. 어쩌면 평생 이방인처럼 떠돌지 모르겠지만, 내게 떠남은 새로운 세계로 나아가는 삶의 전환이요, 수행의 한 방편이 되기도 한다.

당송 8대 문장가 중 한 사람인 이태백李太白(701~762)은 20대부터 시작해 죽을 때까지 30여 년을 떠돌아 다녔다. 아내와 두 자식을 돌보지 않은 점에 있어서는 비난받아야 할 일이지만 아름다운 시구를 인류사에 남김으로써 그의 객기는 풍류의 귀감으로 미화될 수 있어 보인다.

—아미산 최고 봉우리인 만불정에 거대한 보현보살이 모셔져 있다

세인들의 방랑기에 어찌되었든 수행자의 역마살이란 어떤 곳에 처해 있더라도 부처님의 유행遊行처럼 주인으로 살아가는 자유자재로움만 곁들여진다면 이보다 아름다운 일이 어디 있을 것인가?

그런데 나는 그 경지에 이르지 못한다. 타인들에게 포장해 보일 필요는 없다고 생각된다. 더 나아가 자신까지 속일 필요는 없을 것 같다. 대학 때부터 10년 넘게 이론적으로 공부한 중국 승려들에 대한 발자취와 삶, 그들의 선사상을 알고자 하는 고픔 같은 갈증이 있었다. 한편으로는 승려생활의 한 고비에서 한 시기를 넘어가며, 자신에 대한 책임감이 버거워 만용을 부린 객기였음을 고백한다.

하지만 몇 년간의 여행이 불교 유적지 및 사찰로 한정이 되어 있으며 다른 여행지에 대해서는 별 흥미를 느끼지 못한다. 몇 년간의 성지순례

― 낙산대불. 세계 최대의 부처님이 낙산에 모셔져 있다

는 평면적으로만 보였던 불교학에 대해 입체적으로 볼 수 있는 학문 체계를 세울 수 있었다. 더 나아가 글 쓰고, 강의하는 나의 현실에서 인생관과 세계관까지 넓힐 수 있는 계기가 되었다. 솔직히 어른 스님께 '중이 공부는 하지 않고 싸돌아다닌다'고 걱정도 많이 들었다. 하지만 나는 여행을 통해 참 많은 것을 배웠고, 인생의 폭과 깊이를 체감할 수 있었다.

어쨌든 먼 곳으로의 떠남은 다시 한 번 현실을 돌아볼 기회요, 삶의 방향 전환이 되기도 한다. 여행은 사람이든 일이든 버릴 것은 미련 없이 버리고, 가치 있는 것은 추구하는 기회가 되는 것 같다. 게다가 홀로 떠난다는 것은 황혼 무렵 느끼는 하루의 마무리처럼 센티멘탈함이 밑바닥에 깔린 외로움이 담긴 여정의 연속이기도 하다.

어느 때는 너무 익숙해진 홀로가 고독과 하나가 되어 그윽한 커피 향기처럼 느껴지기도 한다. 외국에서의 여정이 길어질수록 외국생활이 얼마나 힘든 것인 줄 피부로 느낀다. 그러다보니 고대 구법승들의 고독과 외로움을 조금이나마 이해하면서 옛 구도승들에 대한 연민을 느끼곤 한다.

이번 성지순례의 여정은 중국의 사천성四川省(쓰촨성)이다. 이 사천성은 약칭해 '촉蜀'이라고도 하며, 성도省都는 성도成都(청두)이다. 중국 남서부 양자강 상류에 위치하며 한나라 때는 익주益州, 당나라 때는 검남劍南이라고 하였다. 명나라와 청나라 때에 사천성이라고 하여, 현재 지명도 사천성이다.

사천성 음식은 매운 맛으로 유명하여 한국인들의 입맛과 유사하고, 차茶 발원지로도 매우 유명한 지역이다. 어느 곳을 가나 찻집이 즐비하

─위

낙산에 자연경관과 어우러지게 부처님이
모셔져 있다. 이 부처님과 보살은 하남성
용문석굴의 봉선사 비로자나불을
모사해 놓은 것이다

─아래

낙산에 자연경관과 조화를 이루어
부처님의 열반상이 모셔져 있다

고, 묘하게도 사천성은 낯선 곳인데도 오랫동안 뿌리박고 살았던 고향 같은 느낌을 주는 곳이다.

이 사천성은 다른 지역보다 도교 세력이 활발한 곳이다. 중국의 도교 협회가 사천성에 있으며, 예전부터 도를 얻기 위해 이곳에 몰려오는 도인들이 많다. 사천성은 도교의 발원지이기도 하며, 뿌리를 내리고 도교가 세력을 넓혔던 근원지가 바로 이 곳이다.

불교 유적지로는 아미산과 낙산대불이다. 낙산대불은 낙산樂山에 모셔져 있는 세계 최대의 부처님상이다. 대불은 좌상坐像으로 높이 71m, 머리 부분 14.7m, 팔 길이 5.6m, 귀 길이 7m, 눈의 길이 3.3m, 폭 29m의 대불이다. 대략 한 사람의 키가 부처님 새끼손가락보다 작을 만큼 매우 큰 대불이다. 이 큰 부처님은 대도하大渡河와 청의강靑衣江이 만나서 민강岷江이 되는 능운산 기슭에 모셔져 있다. 민강은 고대로부터 수해 다발 지역이었다. 당나라 헌종 때 능운사 승려 해통海通이 '부처님 힘으로 홍수 피해를 방지해야겠다'는 결심으로 대불을 조성하기 시작해서 90년이란 세월이 걸려 부처님이 완성되었다.

또한 유네스코 세계문화유산으로 등재된 아미산峨眉山은 불교의 4대 명산[아미산(보현)·오대산(문수)·보타산(관음)·구화산(지장)] 가운데 보현보살을 상징하는 산으로 예로부터 신선이 사는 곳으로 칭송받았다. 4대 명산을 다 가보았는데, 한번쯤 더 가고픈 곳이 바로 아미산이다. 아미산에서만 볼 수 있는 희귀식물이 자라고 있는데, 사천성의 3분의 1, 중국의 식물 품종 중 10분의 1을 차지할 만큼 아미산은 천혜자연이 숨 쉬는 곳이다.

— 아미산 최고 봉우리인 만불정에 있는 화엄사 대웅전이다. 당우 전체가 청동이다

이처럼 사천성은 종교와 예술, 천혜자연이 살아 있는 지역이다. 이번 순례지는 바로 사천성의 성도를 중심으로 그 주변 지역 사찰을 다닐 예정이다. 무엇보다도 신라 때 왕자 출신인 정중무상淨衆無相(684~762) 대사의 행적지와 사천성 출신인 당나라 때 유명한 선사인 마조도일馬祖道一(709~788) 행적지를 중심으로 여정코스를 그렸다.

중국불교사적 위치에서 본
신라 왕자 무상 대사 — 성도成都 대자사

> 머리맡에 밝은 달빛, 땅에 내린 서리인가.
> 머리 들어 밝은 달 바라보다가 고개 숙여 고향을 생각한다.
> — 이백

한국불교 조계종의 연원을 거슬러 올라가면, 구산선문九山禪門이라고 할 수 있다. 구산선문은 신라 말에서부터 고려 초까지 821~932년에 걸쳐 아홉 산에 선종 산문이 생긴 것을 말한다. 구산선문을 개산開山한 승려들은 당나라로 유학 가서 최소한 7년에서 30여 년간 수행한 뒤 스승에게 법을 받아왔다. 9산 이외에도 수많은 구법승들이 당나라에서 법을 받아와 신라 땅 곳곳에 산문을 열고, 신라 땅에 선을 펼쳤다.

신라에 구산선문이 세워지기 이전, 당나라 구법승 가운데 무상無相(684~762) 대사가 있다. 무상은 신라 왕자로서 44세에 당나라에 들어가 그곳에서 입적한 선사이다. 무상 대사에 관해 표출되지 않은 점이 있다면, 무상이 왕실에서의 보이지 않는 암투와 절망에 매우 힘들었을 것이다. 무상 대사가 느낀 인간에 대한 비애와 무상無常함이 일반 평민보다 뼈저리게 절실했던 만큼 이를 극복하기 위해 법을 구하고자 하는 구도심은 상대적으로 높았으리라 미루어 짐작된다.

이 무상 대사에 관해서는 10여 년 전부터 밝혀진 바지만, 무상은 중국불교에서 숭상하는 오백나한 가운데 455번째 나한으로 모셔져 있다.

중국의 오백나한五百羅漢은 석가모니 부처님을 비롯해 부처님의 첫 제자들 5비구 가운데 한 사람인 교진여가 포함되고, 520년에 중국으로 도래한 선종의 초조初祖인 달마대사는 307번째 나한이다. 워낙이 대국이다 보니 고대로부터 유명한 승려들이 많은데, 한국 조계종이라는 종명과도 밀접하게 관련된 육조혜능(638~713)과 임제종의 종조인 임제의현(?~866)조차도 오백나한에 포함되지 않는다.

그런데 신라 때 승려였던 무상 대사가 중국의 오백나한 가운데 한 분으로 조상彫像되어 있으니, 중국불교사적 위치에서 그의 영향을 미루어 짐작할 수 있으며 중국인들에게 존경받는 승려임을 알 수 있다.

무상 대사에 관한 기록은 당나라 때 유명한 선사이자, 학자인 규봉종밀圭峰宗密(780~841)이 저술한 《중화전심지선문사자승습도中華傳心地禪門師資承襲圖》와 《원각경대소초圓覺經大疏鈔》, 《송고승전宋高僧傳》이 전부였다.

그런데 중국의 북쪽 돈황 지역에서 고대의 유물과 경전이 출토되어 《역대법보기歷代法寶記》가 발견되면서 이전의 기록만으로는 알 수 없었던 무상 대사의 모습이 여실하게 드러났다.

즉 중국 초기 선종사(6세기~8세기)의 한 일파인 정중종淨衆宗의 무상 대사가 신라인이며 그의 선사상이 티베트 불교에까지 영향을 미쳤다는 점이다. 또한 돈황본을 통해 학자들에게 관심사가 되었던 것은 당대 최고의 선사라고 할 수 있는 마조도일馬祖道一(709~788) 스님이 바로 무상 대사의 제자라는 점이다.

'무상 대사와 마조가 스승과 제자'라고 하는 문제는 중국의 근대 사학자 호적胡適(1891~1962) 박사가 밝힌 바가 있었고, 한국에서는 최초로 연세대학교 교수였던 민영규 선생님의 연구업적이 있다. 나는 무상을 연구하는 사람은 아니지만, 마조 선사를 주제로 한 학위논문에서 마조와 무상 대사와의 법맥 문제를 다룬 바가 있다. 무상 대사는 내 조국의 고대 스승으로 가슴속에 품고 있는 소중한 선지식 가운데 한 분이다.

베이징에서 여러 사람들과 일주일을 함께 여행한 뒤, 사천성으로 홀로의 순례가 시작되었다. 사천성 성도成都 공항에 도착하니 오전 11시였다. 이렇게 오전에 여행지에 도착하게 되는 경우, 목적하던 여행지로 바로 향하기도 한다.

여행 중 숙소에 짐을 먼저 풀어놓고 다녀야 할 때도 있지만, 먼저 목적하던 여행지를 다닌 뒤 저녁에 숙소에서 여장을 푸는 것도 시간을 절약할 수 있기 때문이다. 물론 혼자만의 여행에서만 가능한 자유 가운데 하나이다. 단 여행 성수기 때인지, 아닌지, 주중인지, 주말인지도 파악해 두어야 숙소 구하는 문제에서 편리하다.

성도 공항에서 택시를 타고 먼저 찾아간 곳은 대자사大慈寺이다. 대자사는 성도시내 번화가인 대자사로에 위치해 있다. 이 절은 3세기 말~4세기 초인 위진魏晋시대 때 창건되었으니, 대략 1,600여 년의 역사를 가진 명찰이다. 이곳에서 당나라 때의 현장 법사가 622년 수계를 받고, 성도에 몇 년간 머물며 경전을 공부했다고 한다.

무상 대사가 72세 무렵, 사천성 성도에 머물며 수행할 때 당시 현종玄宗(재위 712~756)이 안사의 난(755~763)을 피해 섬서성 장안(현 서안西安)에서 사천성으로 피신해 왔다.

이 안사의 난을 계기로 당나라의 정치·경제·문화·종교까지 변화되었고, 당나라의 태평성대가 흔들린 대란이었다. 현종은 사천성으로 피난 오던 중, 그의 애첩이었던 양귀비가 안사의 난이 일어나도록 원인을 제공한 장본인이라며 빗발 같은 신하들의 요청으로 인해 양귀비를 죽일 수밖에 없었다. 중국역사에서도 여자는 매우 평가 절하되고, 좋지 않은 일에서는 원인 제공자를 여자로 몰아붙이는 경우가 허다하다. 이런 와중에 현종은 왕위를 태자에게 계승하였다. 현종은 인생에서의 무상함과 권력의 무력감, 나라를 패망시킨 황제로서의 비참한 심정으로 성도에 머물고 있었다.

이런 무렵 현종은 성도에 머물고 있는 무상 대사에게 '대성자사大聖慈寺'라는 현판을 하사하고, 이 사찰을 중건 불사해 머물도록 하였다.

당시 대자사는 96개의 정원과 천여 폭의 벽화가 있을 정도로, 성도에서 가장 큰 도량이었고, 진단제일총림震旦第一叢林이라고도 했다.

— 위
대자사 산문
— 아래
대자사 산문 앞의 탑

송나라 때 도륭道隆 선사도 대자사에서 출가해 수행하다가 제자들과 함께 1246년 일본으로 건너가 일본에 불법을 전하였다. 도륭은 일본에서 한 일파를 이루며 수많은 제자를 거두었고 일본의 불교 중흥을 일으킨 승려로서 입지를 세웠다. 이런 도륭 선사가 열반하자, 당시 일본 차아嵯峨 천황은 그에게 '대각선사大覺禪師'라는 호를 하사했다. 이런 인연으로 일본 관광객의 발걸음이 꾸준히 이어지고 있다고 한다.

도륭 선사 이외에도 중국 승려로서 일본으로 건너가 일본에서 포교를 하며 법을 펼친 승려가 몇 있다. 감진鑑眞(688~763) 화상은 당나라 때 율사로서 일본으로 건너가 율종을 개창했고, 1654년에 임제종계의 은원융기隱元隆琦(1592~1673)도 일본에서 일본의 황벽종을 개산했다.

당나라 때부터 명나라에 이르는 동안 대자사는 사천성 성도의 관광명승지로서 이 사찰 부근에 야시장이 형성되기도 하였다. 대자사는 1435년 명나라 때 화재로 인해 절이 일부 훼손되었다. 1867년 청나라 때 중건되었고, 이후 몇 차례 보수작업이 있었다. 문화혁명(1967~1976) 전후로 시박물관市博物館으로 쓰이다가 2004년에 도량을 정비하고 사찰로서의 면모를 갖추었다.

이렇게 대자사는 역사의 흐름 속에서 성쇠를 거듭하였지만, 지금은 사천성의 대표사찰로서 한·중·일 불교의 도량 역할을 하고 있다.

대자사 산문에 들어서니, 어디선가 아미타불 염불 소리가 들렸다. 장경루藏經樓로 가보니, 100평 정도 되는 당우 안에 삼존불이 모셔져 있고, 그 위에 무상 대사의 진영이 모셔진 법당에서 스님 한 분과 백여 명의

―장경루 당우 안, 삼존불 위에 무상 대사의 진영이 모셔져 있다

— 대자사 조사당에 모셔져 있는 무상 대사

신도들이 법당 내부를 돌며 아미타불을 염송하고 있었다.

그곳에서 사진도 몇 장 찍고 한참이나 서서 염불 소리를 들었다. 중국의 아미타불 염불송은 예전에도 수십 번을 들었는데도 들을 때마다 신심이 충만하고 마음까지 청아해지니, 아마도 나는 과거 전생에 중국 승려였나 보다.

중국은 미타신앙이 강하며, 아미타 염불 소리 또한 매우 구성지다. 중국은 가만히 서서 염불하는 것이 아니라, 줄지어 걸어가면서 염불하는 것이 일례이다. 중국의 각 지역 사찰마다 예불문이 다르고, 예불하는 형식이 다르다. 그런데 중국은 어느 사찰이나 아침저녁 예불에 꼭 아미타불을 염하고, 평소에도 스님들이나 신도들이 대부분 아미타불 기도를 한다. 대자사는 시내 중심가에 위치한 탓인지 선종사찰로서의 선방이라기보다는 불자들의 기도처로서의 역할이 더 커보였다.

—스님들이 저녁 예불을 하는 도중 도량을 돌며 아미타불을 염하고 있다(베이징 법원사에서)

현 대자사는 중국 사찰치고는 큰 도량이 아니다. 대자사 도량은 사천왕문에서 관음전, 대웅전, 장경루를 중심으로 양변에는 무상 대사의 조사당 및 찻집, 서예실, 현장 법사 유물 전시관, 요사채 등으로 건축구조를 이루고 있다.

도량 내 조사당祖師堂에는 무상 대사 영정이 모셔져 있고, 조사정祖師亭

대자사 도량 내에
무상 대사의 행적비가
모셔진 조사정

무상 대사의 행적비는
앞면은 한자,
뒷면은 한글로
새겨져 있다

이라는 편액이 있는 정자 안에는 무상 대사의 행적(앞면은 한자, 뒷면은 한글)이 새겨진 비碑가 모셔져 있다. 참으로 자랑스러운 일이다.

　대자사 도량을 세 번 정도 돌고 나서 도량 내에 있는 찻집에 들어갔다. 무상 대사의 흔적이 서린 곳에서 잠시나마 더 머물고 싶어 사천의 유명한 죽엽청竹葉靑 차를 마시면서 잠시 쉬어가기로 한다.

무상은 신라 땅을 떠난 후 고향에 돌아오지 않았다 —사천성四川省 성도成都

한 번 떠나면
맺었던 인연도 다한 것이니,
외로운 학은 다시는 둥지로 돌아오지 않는다.
— 동산양개

대자사 도량 찻집에서 차 한 잔을 마시면서 잠시 앉아있다 보니, 내가 현재 딛고 있는 이곳이 마치 고향에 돌아온 것처럼 마음이 편안하다.

몇 년 전 장기간 중국을 여행할 때는 이 나라에 대해 보이지 않는 적대감이 있었다. 외국인이라서 그런 것인지, 승려라는 점 때문인지 숙소에서 내쫓겨 보기도 했고, 터무니없는 요금 때문에 택시 기사와 참 많이도 싸웠다.

중국은 과일을 저울에 달아 파는데, 썩은 과일을 몰래 넣어 무게를 올리는 장사꾼과 다투기도 했다. 또 한 번은 버스 터미널에서 내가 원하는 목적지에 분명히 간다고 해서 버스를 탔는데, 나의 목적지를 경유하는 버스로 황당하게도 고속도로 위에 내려주며 톨게이트 쪽으로 걸어가라는 버스 기사도 있었다.

무엇보다도 청결치 못한 식당과 화장실이 제일 힘들었다. 식당에 들어가서는 늘 창밖을 향해 앉는 것과 밥 먹은 뒤에 화장실 가는 것이 나의 수칙이었다. 주방 쪽을 향해 앉아 있다가 주방의 위생을 보면, 밥 먹는 일이 쉽지 않기 때문이다. 그리고 화장실에 문이 없는 것은 그렇다손 치더라도, 베이징 변두리만 가도 화장실이 불결하다. 게다가 시골이나 산골 화장실에 냄새가 향기롭지 못한 것은 이해되지만, 아름답지 못한 그림을 직접 보는 것은 참으로 봐줄 수 없는 현실이다.

어느 중국 스님은 "한국에도 청정 승가가 있느냐?"며 한국불교를 미개인 집단으로 여기는 이들이 있는가 하면, 중국의 아류로 여기는 이들도 있었다. 또 천여 년 전 한국에 불교를 전해 주었다는 '호랑이 담배피던 시절 이야기'를 하는 이들도 있었다.

아무튼 여러 면에서 예전의 나는 한국불교나 한국의 인권·경제적인 정황이 중국보다 우월하다는 국수주의적인 사고를 가지고 있었다.

그런데 이번 중국 여행은 다르다. 중국 땅에 들어선 지 벌써 오늘이 열흘째인데, 마음가짐이 다르다. 화장실이나 터미널이 청결치 못해도 '그러려니' 싶고, 장사꾼들이나 택시 기사의 부당함에도 '먹고살려니 어쩔 수 없겠지'라는 생각을 한다. 내가 성숙해진 것이 아니라 중국이라는 나라에 대해 이분법적인 견해가 아닌 일원화된 느낌이다. 그만큼 중국에 대한 이해도가 커졌고, 중국을 바라보는 나의 관점이 한결 부드러워

43

— 사천성 아미산 복호사 오백나한

졌다.

또한 몇 년 전 여행에서는 무엇인가 하고자 하는 갈망들이 꿈틀거렸다면, 이번 여행에서는 다소 느림과 느긋함이 나를 휘감는다. 또한 사천성에서 활동했던 무상 대사와 마조 스님의 발자취를 오래전부터 순례코자 했던지라 스승들의 행적지에 대한 기대감, 그들에 대한 존경심, 경이로움이 마음에서 자리잡고 있기 때문이다.

사천성은 티베트와 인접하고 있으며, 예로부터 많은 천재를 배출했던 곳으로 유명하다. 당나라 전성기 때, 정치를 잘했던 현종이 만년에 열여덟 번째 며느리인 양귀비를 애첩으로 두면서 그의 도덕적 이미지가 손상되었다. 양귀비 오빠 양국충과 안녹산이 원수지간이 되면서 반란이 일어났는데, 앞에서도 언급했지만 이것이 안사의 난이다.

이 안사의 난을 계기로 귀족적인 문화에서 서민적인 사회풍조로 전환되었으며, 중앙권력보다 지방권력이 강해졌다. 이 안사의 난을 피해 남서 지역으로 도망가던 현종에게 있어 양귀비의 죽음은 이별의 한이 서린 사천성이다.

고대 한국도 전란이 일어나면, 왕들이 강화도로 피신했던 것처럼, 중국의 황제들도 사천성 쪽으로 피신했다. 그만큼 지리적으로 사천성은 분지로 둘러싸여 있어 적들의 피해를 막는 데 중요한 요충지였다. 여러 이점이 있어 사천성은 예로부터 이민족의 전쟁 피해가 없어 자연보호와 문화 보존이 중국에서 가장 잘된 곳으로 유명하다.

특히 사천성 출신 정치인으로는 덩샤오핑鄧小平(1904~1997), 쎠롱쩐攝榮臻(1899~1992) 등이 있으며, 문인으로는 당송 8대가에 속하는 이태백과 소동파, 음악인 파가巴歌가 있다. 또한 사천성 출신 역대 스님들로는 마조를 비롯해 규봉종밀(780~841)·임제의현(?~866)·덕산선감(782~865)·설두중현(980~1052)·원오극근(1063~1135) 등 훌륭한 선사들이 많이 배출된 곳이다.

무엇보다도 이 사천성은 신라의 무상 대사가 당나라에 들어가 열반할 때까지 머물렀던 곳이다. 바로 무상 대사의 흔적이 살아 있는 곳이다 보니, 사천성에 대한 나의 마음이 애틋한 것이 사실이다. 중국불교사에서 무상 대사가 차지한 위치와 무상 대사에 관한 행적을 간단히 언급하

45

无相空尊者唐代名僧，新罗国（朝鲜）王子，俗称金，法号无相，又称金和尚。少年出家为僧，唐玄宗开元十六年（728年）来中国。游行巡访，徒步入蜀，拜资州德纯寺处寂大和尚为师，学得黄梅禅法。之后潜入资州深溪山中修头陀行，身穿百衲衣，乞食度日，每天只在午前进食一次，然后到空旷的山林中修禅。结束头陀行后，于成都净众寺开法，讲说佛法二十余年，蜀中百姓敬之,若圣。天宝末年，玄宗避乱入蜀，召见无相尊者，礼遇隆重，赏赐丰厚，非常人所能比拟。天应元年（762年）五月，无相尊者圆寂，寿年七十九岁。

—01
운남성 대리 숭성사 오백나한전에 455번째로 모셔진 무상

—02
베이징 벽운사 오백나한전에 455번째로 모셔진 무상(중간)

—03
사천성 시방시 나한사 오백나한전에 455번째로 모셔진 무상

—04
사천성 신도현 보광사 오백나한전에 455번째로 모셔진 무상

—05
운남성 서산 화정사 오백나한전에 455번째로 모셔진 무상

—06
베이징 홍라사 도량 노천에 모셔진 오백나한중 455번째 무상

—07
베이징 홍라사 무상(사진 06)의 하단에 있는 무상의 행적 내용

기로 한다.

　무상 대사는 신라 성덕왕聖德王(在位 702~737)의 셋째 왕자였다. 성덕왕(?~737)은 신문왕神文王의 둘째 아들이며 효소왕孝昭王의 친동생이다. 효소왕이 아들이 없이 타계하자, 성덕왕은 화백회의에서 추대되어 왕위에 올랐다. 비는 김원태金元泰의 딸인 성정왕후이다. 성덕왕은 정치적 안정을 바탕으로 왕권강화를 위해 노력하였으며, 유교에 관심을 가져 717년에 수충守忠이 당나라에서 가져온 공자와 10철哲 72현賢의 초상화를 대학大學에 두었다. 한편 성덕왕은 재위 기간에 약 43회 정도 사신을 당나라에 파견할 정도로 당나라의 신진문화를 받아들였던 뛰어난 개혁 군주였다.

　무상 대사가 어릴 적, 바로 손위 누나가 출가하기를 간절하게 원했는데, 왕가에서는 그녀를 억지로 시집보내려고 하였다. 누나는 칼로 본인의 얼굴을 찔러 자해하면서까지 출가하고자 하는 굳은 마음을 사람들에게 보였다. 무상은 누나의 간절히 출가하고자 하는 불심을 지켜보면서 '여린 여자도 저런 마음을 갖고 출가하고자 하는데, 사내대장부인 내가 출가해 어찌 법을 구하지 않을 수 있겠는가!'라고 강한 의지를 품었다.

　이후 성인이 된 무상 대사는 군남사群南寺로 출가하였고, 얼마 후 728년(성덕왕 27) 44세에 당나라로 건너갔다. 무상이 당나라에 들어가 여러 곳을 다니며 수행하다가 현종(재위 712~756)을 알현했다. 현종은 무상에게 서안에 위치한 선정사禪定寺에 머물며 수행토록 하였다.

무상 대사는 선정사에 머물다가 사천성으로 옮겨가 자주資州(현 자중현資中縣) 덕순사德純寺에 머물고 있던 처적 선사를 찾아가 법을 구해 처적 선사로부터 가사와 법을 받고 무상無相이라는 호를 받았다.

무상은 10여 년간 스승 문하에서 수행한 후, 성도의 절도사였던 장구대부章仇大夫(739, 개원 27년)의 요청에 의해 성도 정중사淨衆寺에 주석하였다. 장구대부의 귀의에 대해 《송고승전》에서는 무상 대사가 두타행으로 일관되게 수행하는 모습을 보고, 정중사에 머물도록 했으며, 성도의 많은 사람들이 대사에게 귀의하며 존경하였다고 한다.

또한 성도의 관리였던 양익은 무상 대사를 '사람을 현혹시키는 요사한 승려'로 의심하고, 병사 20여 명을 이끌고 무상 대사를 찾아왔다. 병사들이 무상 대사를 보자마자 심신이 전율되어 벌벌 떨었고, 대풍이 불어와 모래와 돌이 날아왔다. 양익은 이때서야 머리를 조아리고 무상 대사 앞에 무릎을 꿇고 귀의해 참회하자 회오리바람이 멎었다고 한다.

이렇게 사람들에게 귀의를 받으면서 신도들은 무상 대사에게 보리사菩提寺·영국사寧國寺 등을 지어주기도 하였고, 여러 사찰에 머물 것을 권유받았다. 성도 밖의 지역에서는 무상 대사를 위해 지은 절이나 종과 탑들이 셀 수 없이 많았다. 무상 대사는 여러 사찰 가운데서도 정중사에 오래 머물렀다.

무상 대사가 정중사에서 20여 년을 머물며 수행하고 사람들을 교화한데서 그를 정중종淨衆宗의 개조開祖라고 칭한다. 이 정중종은 선종이 발달하는 초기의 한 일파로서 서남 지역의 유일한 선종이다(선종은 중국에서

특히 양자강 이남인 남방에서 발달하였고, 현재도 남방을 중심으로 선수행자가 많다)

대사는 만년에 정중사에 머물며 제자를 지도하였다. 762년 5월 19일, 제자들에게 "나에게 깨끗한 새 옷을 주어라. 나는 목욕하고 싶다."라고 말한 뒤, 자시子時가 되자, 앉은 채로 홀연히 입적하였다.《역대법보기》에는 무상 대사 열반 후를 이렇게 묘사하고 있다.

"해와 달은 빛을 잃고, 천지는 백색으로 변했다. 법의 깃대는 부러지고, 니련선하의 강물이 말랐으며, 사람들은 희망을 잃어버렸고, 수행자들에게는 의지처가 끊어졌다."

무상이 사천성에 머문 지 34년째요, 세속 나이 79세로 고국이 아닌 타향에서 입적하였다.

◉ 무상 대사 법맥도*

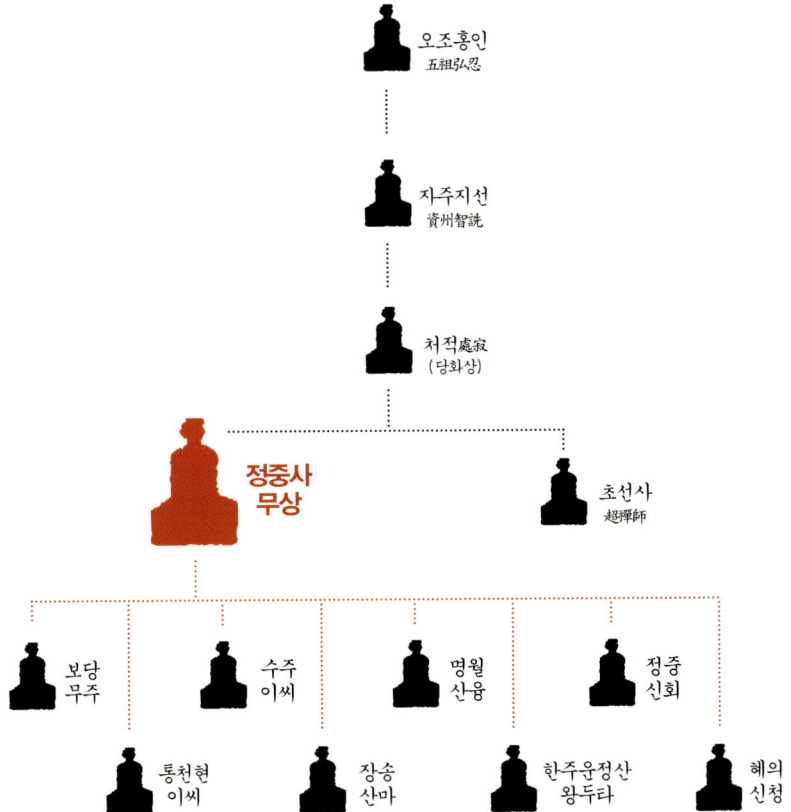

* 《역대법보기》에서는 무주 스님 한 사람만을 제자로 들고 있고, 《송고승전》에는 정중신회가 무상의 직계 제자라고 명시되어 있으며, 종밀의 《원각경대소초》에는 정중신회 · 장송산마(長松山馬) · 수주(邃州) 이씨 · 통천현(通泉縣) 이씨인 네 사람을 제자로 들고 있다. 이 표는 전반적으로 무상 대사의 제자로 거론되는 사람들을 도표로 만들었다.

정중사 옛터에서 무상 대사를 그리다
― 성도成都 정중사지와 문수원

우거진 언덕 위의 풀은 해마다 시들었다 다시 돋는구나.
아득한 향기 옛길에 일렁이고, 옛 성터엔 푸른빛 감도는데
그대를 다시 또 보내고 나면 이별의 정만 풀처럼 무성하리라.
― 백거이

성도에 머무는 동안 숙소를 문수원文殊院이라고 하는 사찰 부근에 정했다. 문수원 도량에 자주 들어갈 수 있는 점과 문수원을 중심으로 1km 부근은 서울의 인사동 거리처럼 골동품 가게나 찻집, 전통음식, 노점상까지 있어 저녁 시간에는 볼거리가 많이 있기 때문이다.

사천성 성도시내에 위치한 정중사淨衆寺는 무상 대사가 머물며 수행했던 도량 가운데 가장 오랫동안 불법을 펼쳤던 곳으로 무상 대사의 대표적인 도량이다. 무상 대사와 관련된 기록에 의하면, 이 정중사가 당시에는 결코 작은 사찰이 아니었던 것으로 추측할 수 있다.

당나라 말기의 시인 정곡鄭谷의 〈칠조원소산七祖院小山〉이란 시가 있는데, 제목 위에 〈촉정중사〉란 글이 있는 것으로 볼 때, 정중사에 칠조원이

란 당우가 있었을 것으로 추측해 볼 수 있다.[1] 이후 무상 대사가 열반한 후에도 이 정중사는 선 수행도량으로 알려져 있었으며, 신라에까지 명성을 떨쳤던 것으로 추측해 볼 수 있다. 사굴산문 범일梵日의 제자인 행적行寂(832~916) 스님이 정중사 무상 대사의 조사당에 찾아와 예를 올렸다는 기록이 전하고 있다.

현재 정중사는 사찰터와 도량이 없어졌지만, 무상에 관한 자료나 학자들의 견해에 따르면 성도 중심가에 위치한다고 한다. 문수원에서 직접 걸어 정중사지까지 가보았다. 물론 아무것도 없는 옛 절터에 도로와 현대 건물만이 들어서 있을 뿐이다. 정중사지는 사천성 불교를 대표하는 문수원文殊院 부근인 만복교로부터 시작해서 성도 기차역에 이르는 부분(인민북로人民北路 주변)으로 추정되고 있다.

당나라 때 '정중사'로 불렀던 사찰 이름은 송나라 초기에 만불사萬佛寺 · 정인사淨因寺 · 죽림사竹林寺로 이름이 바뀌었고, 명나라 말기 전쟁으로 인해 폐허가 되기 이전까지 만복사萬福寺라는 절 이름의 기록만이 전할 뿐이다.[2]

문제는 정중사지라고 할 수 있는 그 지역이 바로 사천성 수도 성도成

---

1 7조(七祖)란 초조달마에서부터 육조혜능까지를 이르고, 육조혜능 다음으로 무상 대사를 거론하고 있다는 의미이다. 선종에서는 무상 대사 이외에도 많은 선사들이 7조로 거론되지만, 학계에서는 특정 선사를 지명하고 있지 않다. 무상 대사가 주석하기도 하였던 보리사에 관련된 사적지에도 무상을 7조로 추앙하고 있는 기록이 보인다.

2 명나라 천계(天啓) 연간 원초본(原鈔本) 〈성도부지(成都府志)〉에 실린 황휘(黃輝) 〈중건만복사비(重建萬福寺碑)〉에 실려 있다[민영규, 《사천강단》(민족사), p.159 참조].

— 위
정중사지로 추정되는 곳

— 아래
인민북로와 기차역 간판이 보이는 이 부근에 정중사가 있었다

都의 중심가인데, 바로 그 정중사를 중심으로 이전에는 수많은 사찰들이 둘러 싸여 있던 것으로 추정된다.

무상 대사가 머물던 정중사지와 대자사는 자동차로 20여 분 거리에 위치하며 정중사지와 문수원은 도보로 10분 거리에 위치한다. 또한 문수원을 중심으로 500m 거리에 백운사로白雲寺路·능가암가楞伽庵街라는 거리 이름이 존재하며, 또 비구니 사찰인 애도원愛道院(옛 원각암圓覺庵)이 있다.

한편 정중사지 부근에서 조금 떨어진 곳에 정거사로靜居寺路·백마사로白馬寺路·연등사로燃燈寺路라는 도로 지명이 현재 사용되고 있는 점으로 보아 당시 성도에는 수많은 사찰군이 형성되어 있었음을 알 수 있다.

또한 현재 성도에 소재한 사찰로는 소각사昭覺寺·자운사慈云寺 등이 있으며, 성도 외곽 지역에는 석경사石經寺·보광사寶光寺·접대사接待寺·연등사燃燈寺 등 많은 사찰들이 현존한다.

이런 여러 정황들을 볼 때, 당나라 때부터 사천성 성도는 불교가 활발했던 지역이며 무상 대사의 법력이 사천성 승려들에게 두루 영향을 미쳤을 것으로 미루어 짐작된다.

그런데 참으로 황량하다. 예전에 고국 신라 땅을 떠나 무상 대사가 오롯한 마음으로 수행했던 정중사, 무상의 숨결이 깃든 곳에 지금 내가 찾아와 있건만 아무것도 없는 허전함만이 나를 반기고 있다.

무상의 이름 앞에 정중淨衆이 붙어 '정중무상'이라고 할 만큼 이 정중사는 무상 대사의 행적지 중 대표적인 행화도량이다. 정중종이라는 명칭도 무상 대사가 정중사에 머물렀기 때문에 절 이름을 붙인 것이다. 정

—위
　문수원 도량

—아래
　문수원 부근인데, 서울 인사동
　거리와 비슷하다.
　이 지역에서 중국문화와
　문물을 접할 수 있다

중사에 관한 정확한 연구는 무상 대사의 정중종에 관한 연구라고 볼 수 있다. 곧 정중사에 관한 연구는 곧 무상의 선사상을 밝히는 것이요, 더 나아가서 한국불교도 선양하는 길이라고 생각된다.

무상이 열반한 지 80여 년 후, 무종(재위 840~846)이 회창파불會昌破佛(845~847)을 단행할 때, 사천성 성도의 사찰들이 다 파괴되고 대자사만 법난을 피하였다. 정중사도 폐사가 되자, 정중사의 큰 종을 대자사로 옮겼다. 다음 황제인 선종(재위 846~859)이 불교를 중흥시키면서 대자사에 옮겨졌던 대종을 다시 정중사로 옮겨 놓는데, 대종이 무겁고 매우 커서 이틀이 걸릴 것을 예상하였다.

그런데 마침 다음 날, 무상 대사의 제사였다. 종을 옮기는데 수레를 뒤에서 밀고 앞에서 끌어오는 모양새가 날개 달린 새가 날아가는 것같이 여겨져 신이하게 생각했으며, 사람의 힘으로는 미칠 수 없는 일이었다. 그날 무상 대사를 모신 탑과 진영에서 땀이 흘러 내렸는데 무상의 제자가 수건으로 닦아주었다. 어떤 이가 손가락으로 땀방울을 찍어 맛을 보니 모두 짠맛이 났다. 이에 무상의 신통력으로 그 종을 끌어온 것임을 알고 승려와 신도들이 놀라워했다. 그 후에 무상 대사의 탑을 동해대사탑東海大師塔이라고 일컬었다.

정중사 옛터에서 주위를 두리번거리며 한참을 서성거렸다. 법당도 대종도 탑도 아무것도 없고, 그 옛날 정중사라는 유물이나 유적은 아무 것도 없다. 보이는 것이라고는 현대의 상징인 시멘트 빌딩과 도로뿐이

— 문수원 도량 내에 있는 납골당 입구

— 납골당 내부인데, 매우 화려하다

— 위
문수원 대웅전에서 저녁 예불을
드리는 스님들

— 아래
저녁 예불을 마치고 각자 숙소로 돌아
가는 스님들

다. 다시 왔던 길로 되돌아 걸어 문수원 방향으로 향했다. 독자들은 필자의 돌아서는 모습을 상상해 보라. 마음이 황량하다 못해 '무감각했다'라는 말조차 사치스런 말일 것 같다.

사천성 성도에 가면, 문수원은 꼭 참배할만한 사찰로서 각 당우, 도량을 꾸미는 정원양식, 찻집, 채식 음식점 등 중국 사찰의 규모나 가람배치를 볼 수 있는 본보기 사찰이다.

문수원은 사천성 불교협회가 있는 곳으로 이 사찰도 선종 4대 총림 가운데 하나라고 하지만, 도량 안으로 들어서니 정토종계 사찰이다. 수나라 때 창건되어 송나라 때까지 신상사信相寺라고 불렸다. 9세기 당나라 회창파불會昌破佛(845~847) 때 파손되었다가 다시 재건되었고, 명나라 때 전쟁으로 인해 불에 타버린 것을 청나라 강희제 때 다시 중건하였다. 당시 이 절의 주지였던 자독해월慈篤海月 스님의 도행이 매우 높아 그를 문수보살의 화신으로 칭하게 되었는데, 이때부터 절 이름이 문수원으로 바뀌었다.

현재 문수원의 건축물들은 1841년에 불사한 그대로이다. 문화혁명(1967~1976) 때도 유물로 인정되어 보호를 받았을 만큼, 성도에서 가장 보존이 잘된 사찰이다. 이곳에는 불상 및 비림·패엽경·대장경 등 주요 문물이 많으며, 청나라 때까지 이 절에서 현장 법사의 정골사리에 공양을 올렸다는 기록이 전하기도 한다.

문수원 내에는 도량을 잘 다듬어 곳곳마다 아름답게 꾸며져 있고, 찻집과 채식 음식점을 겸하고 있다. 저녁을 이 식당에서 먹었는데, 솔직히 너무 맛이 없고 일반 식당보다 비싸다. 또 도량 뒤쪽에 가면 지하 건물 내에 '극락복지極樂福地'라는 편액이 걸린 납골당이 있다. 그곳에 들어서자마자 사진을 한 장 찍었는데, 사진을 찍었다고 관리인이 나가라는 손짓을 하였다. "나는 승려 신분으로 절대 시찰 나온 것이 아니다."라고 하며, 꿋꿋하게 볼거리를 다 보고 나왔다.

이 문수원이 고대 어느 황실 사찰로서 왕가의 안녕을 빌어 주던 곳이었던 만큼 '현 중국 부자들의 납골당이 아닐까?'라고 의심될 정도로 내부가 지나치게 화려하다. 인간이 죽어서까지 경제적인 부로 차별대우를 받아야 한다니.

문수원은 몇 년 전 순례 왔던 곳인지라, 어슬렁거리며 편안한 마음으로 도량을 다녔다. 한참을 느긋하게 걷다 보니, 저녁 예불시간이었다. 이 사찰은 총림으로 비구 스님들의 승가대학이 있는 곳인지라 많은 대중이 살고 있다.

각 당우의 스님들이 자신들의 방에서 나와 대웅전 옆 당우에 모두 모여 있다가 5시 반 예불을 시작하기 전에 줄 맞추어 대웅전으로 들어갔다. 한국 스님들의 대중생활은 큰 방에 함께 모여 주거하는 것이 당연한 일이다. 그러나 중국·티베트·미얀마 등 승려들은 모두가 각각 각자의 방에서 생활한다. 각자의 방에서 사는 일이 당연한 일로 되어 있다. 수행하는 데 사띠(sati)가 꾸준히 유지되기 위함이요, 기후 조건이 한국과 다르기 때문이다.

그런데 예불을 하면서 제사의식을 함께 겸하고 있었다. 스님들의 예불의식 중간 중간에 아미타불을 염하는 동안 상주는 절을 하느라고 바쁘다. 제사의식을 예불과 겸하는 것은 처음 보는데, 중국도 사찰에서 제사지내는 의식이 적지 않다.

예불시간이 길어지니, 100여 명의 학인 스님들은 장난치고 서로 잡담을 나누기도 하고, 웃고 떠들다가 이방인이 들어오면 쳐다보기에 바쁘다. 중국 다른 지역 사찰에서도 종종 보았지만, 중국 스님들 예불은 한국 예불만큼 장엄하거나 엄숙한 분위기가 아니다. 입승 스님은 학인 스님들이 서 있는 한 줄 한 줄씩 출석부에 체크까지 하였고, 출석 체크가 끝나고 입승이 잠시 한눈을 판 사이에 몰래 빠져나가는 스님도 있었다. 승가대학의 젊은 학승들이다 보니, 그런 객기 정도는 있을 수 있으리라. 그 모습을 보고 있자니, 옛날 강원시절이 생각나 한참이나 웃었다.

신라에 선이 펼쳐진 구산선문 가운데 七산선문이 마조계 법을 받았다.
즉 七산선문의 신라 승려들이 마조의 직계 제자에게 법을 받았으니,
七산문의 개산조 승려들은 마조에게 있어
손자뻘 되거나 증손자뻘이 된다.
또한 구산선문 이외에도 신라의 구법승들이 마조 문하에서 수행하였고
마조계 문하에서 수행한 뒤 신라 땅 여러 곳에 산문을 열었다.
곧 마조의 선사상이 한국불교에 융해되어 있으며
현재 조계종 승려들 대부분이 간화선을 하고 있으니
마조는 한국불교에 지대한 영향을 끼쳤다고 볼 수 있다.

2장

마조와 신라 구산선문과의 인연

마조와 신라 구산선문과의 인연
—시방시(什邡市) 마조의 출가 사찰 나한사

비가 오지 않아도 꽃은 지고,
바람이 불지 않아도 풀솜은 절로 날아다닌다.
이것이 인생의 진실을 체득하는 방법이다.
— 조주

앞에서 당나라 때의 선사 마조도일馬祖道一(709~788)이 신라 왕자 무상 대사의 제자라고 주장하는 기록이나 학자들에 관해 언급했었다. 그렇다면 중국 천하의 마조 선사는 어떤 인물인가?

마조 선사가 활약했던 시기는 중국불교사 입장에서 볼 때, 교종 중심에서 실천적인 선종으로 이행되는 시기이기도 하다. 교에서 선으로 이행되던 시기는 일반적으로 8세기 후반에서 11세기 초로 보는 것이 일반적이다. 바로 이 시기를 조사선祖師禪의 시작이라고 볼 수 있는데, 조사선의 개조開祖요, 선종을 발전시키는데 교두보 역할을 하였던 승려가 바로 마조이다.

한편 마조는 인도선을 탈피하여 중국적인 토양이 깃든 선으로 탈바

꿈 시킨 대표적인 승려이다. 굳이 선방에서 좌선하는 것만이 선이 아니라 행주좌와行住坐臥 어묵동정語默動靜하는 일상생활에서도 얼마든지 수행하는 일상성의 종교로 전환시켜 놓은 분이라고 할 수 있다.

또한 마조가 제자들을 가르치면서 여러 가지 방편을 활용했다. 이를 선종에서는 기연機緣이라고 하는데, 이 기연들이 후대에 공안公案으로 형성되었고, 공안을 타파하는 수행법이 바로 간화선看話禪이다. 재정리하자면, 공안이 형성되는 연원을 거슬러 올라가면, 마조의 선기禪機 방편에서 공안이 비롯되었다는 점이다.

기록마다 조금씩 다르지만, 마조 문하門下에는 제자가 적게는 80여 명에서 몇 백여 명으로 전한다. 이 제자들은 마조 사후에 중국 각 지역에서 수행하면서 법을 펼쳤다. 《송고승전》에는 "세상에서 불교종파가 번성하기로는 마조 산문을 능가하는 곳이 없다. 뛰어난 인재들이 무수하게 배출되었고, 많은 이들이 도를 깨달았다."라고 서술되어 있다.

후대 법맥이 정확치 않은 선사들도 마조의 제자라고 하였을 만큼 마조는 중국선에 지대한 영향을 미쳤다. 이렇게 수많은 제자들로 인해 마조의 법맥을 이은 선종은 큰 물줄기를 형성하며 발전하였다.

마조의 법맥에서 위앙종과 임제종이 형성되었고, 이 임제종은 송나라 때에 황룡파와 양기파로 나뉘는데, 이 양기파 5대손인 대혜종고大慧宗杲(1089~1163)로부터 간화선看話禪이 형성되었다.

신라에 선이 펼쳐진 구산선문 가운데 7산문이 마조계 법을 받았다. 즉 7산문의 신라 승려들이 마조의 직계 제자에게 법을 받았으니, 7산문의 개산조 승려들은 마조에게 있어 손자뻘 되거나 증손자뻘이 된다.

또한 구산선문 이외에도 신라의 구법승들이 마조 문하에서 수행하였고, 마조계 문하에서 수행한 뒤 신라 땅 여러 곳에 산문山門을 열었다. 곧 마조의 선사상이 한국불교에 용해되어 있으며 한국 조계종 승려들 대부분이 간화선을 하고 있으니, 마조는 한국불교에 지대한 영향을 끼쳤다고 볼 수 있다.

마조는 원래 남악회양南岳懷讓(677~744)의 제자로 알려져 있었다. 이런 선종의 역사가 당연한 것으로 여겨지고 있다가 중국 돈황 지역에서 선종과 관련된 돈황 문서가 발견됨으로써 마조가 신라 무상 대사의 제자라는 점이 부각되기 시작했다. 현재도 한·중·일 학계에서 두 분의 법맥문제가 종종 거론되고 있다. 글을 전개하면서 뒤에서 차츰 두 분의 법맥에 관해 객관적으로 언급할 예정이다.

오늘은 마조 행적지를 향해 새벽부터 서둘렀다. 가끔 여행에서 일정이 빡빡한 날이 있고, 느긋한 날이 있는데 아무래도 오늘은 일정이 빠듯할 것 같다. 아마 인생도 이렇지 않을까 싶다. 사천성 성도에 이틀 정도 머물렀는데, 드디어 이 도시를 탈출한다. 물론 성도로 다시 돌아와야 하지만, 왠지 시골로 빨리 향하고 싶은 마음이다. 성도 북부 시외버스 터미널로 향했다.

마조의 고향 시방시什邡市에 있는 나한사羅漢寺와 마조사馬祖寺를 찾아가기 위해서다. 마조사는 마조가 태어나고 성장했던 고향에 있는 사찰이요, 나한사는 마조가 승려가 되기 위해 처음으로 출가했던 사찰이다.

시방시로 가는 버스는 20인승 작은 버스에다 에어컨도 되지 않는 낡은 버스였다. 한국이라면 폐차장에서도 받지 않을 낡은 버스이다. 모두가 한 가족처럼 대화를 나누면서 마치 다함께 소풍가는 기분이다. 이 사천성이 옛날로 치면 중국 변방 지역일 터인데, 버스가 성도시내를 빠져나가는 데 오랜 시간이 걸렸다. 올림픽 이후에 더 심각해졌다고 하니, 올림픽 이후 경제적으로 조금 좋아졌다고 볼 수 있으리라.

버스를 탄 지 대략 3시간 30분 정도 걸려서 시방시에 도착했다. 다시 인력거를 타고 나한사를 찾아갔다.《송고승전》에 의하면, "마조는 20세 무렵 자신의 고향 부근에 위치한 나한사에 처음으로 출가했다."는 기록이 전한다.

마조가 열반한 지 3년 뒤인 791년 무렵, 나한사 도량에 마조의 사리탑을 세우고 마조상을 조성해 조사전에 모셨다. 나한사에 도착해 산문 안으로 들어서니, 12시 30분 정도였다. 중국 사찰의 점심시간이 훨씬 넘었는데도, 노스님 한 분이 공양간에 가서 점심 먹으라고 재촉하신다.

가끔 중국 사찰에서 연세가 지긋한 노스님을 만나곤 하는데, 이들 중에는 출가한 지 얼마 되지 않은 이들이 있는가 하면, 문화혁명(1967~1976)을 거치는 동안에도 꿋꿋이 승려로서 견뎌온 이들도 있다. 한편 어느 스님은 문화혁명 기간 동안 재가자로 살다가 1980년대 종교 자유가 인정되면서 재출가한 노스님도 있다. 어떤 경우의 노스님이든 마치 한국에서 만난 어른처럼 정겹고 연민이 앞선다.

—위
나한사 대웅전. 대웅전 앞에 마조의 설법대라고 쓰여 있다

—아래
나한사 도량

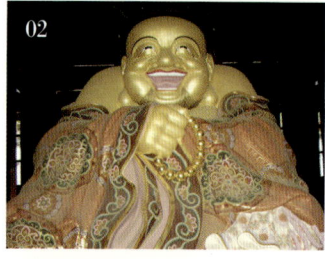

—01
나한사 공양간에 모셔진 포대화상

—02
보타산(절강성 관음성지)에 모셔진 포대화상

—03
복건성 복주에 모셔져 있는 중국 최대의 포대화상. 원나라 때 조성되었다

—04
절강성 항주 영은사 포대화상

학위논문 주제였던 마조의 출가 사찰을 찾아왔는데도, 점심부터 먹으라는 소리에 먼저 공양간으로 향했다. 일단 여행 중에는 기회만 닿으면 배를 채워야 하는 법이다. 타지에서 배고프면 서러운 법이요, 한편으로는 시간과 경제를 아낄 수 있는 전략에서 나온 나만의 여행 전술이다.

공양간에 들어서니 스님들 몇 분이 대화를 나누고 있었다. 시골의 천진스런 농부 인상을 주는 스님들이었다. 국수를 준비해 주는 동안 포대화상을 살펴보니, 포대화상의 웃는 모습이 기막히게도 천진스럽다. 중국의 어느 사찰이나 공양간 중심에는 포대화상이 모셔져 있고, 중국 사찰 사천왕문에는 포대화상을 모셔 놓는다.

중국인들은 이 포대화상을 미륵의 화신으로 섬기며 미륵부처님이라고 칭한다. 뚱뚱한 몸집에 큰 배를 내밀고, 늘 웃음을 띠고 있으며 등에 포대를 짊어지고 있는데 중생들이 원하는 것은 다 준다고 하는 중국인들의 염원이

담긴 부처님이다.[1]

30여 명의 승려가 상주하는 나한사 도량 중심축은 관음전 · 승가육화僧伽六和(아미타불이 주불이며 좌우에 관음보살과 대세지보살) · 대웅전이다. 더불어 다관(찻집)을 겸하고 있다. 보본당報本堂이라는 당우 안에는 마조의 상이 모셔져 있고, 관음전을 중심으로 양쪽에 오백나한전이 있다.

오백나한전에 들어가 보니, 이제까지 친견했던 나한님의 상호가 아니었다. 위엄이나 권위가 사라진 익살스럽고 천진한 표정들이었으며, 지극히 자연스러우면서도 호탕한 대륙기질의 상호였다. 이 나한님들을 뵈면서 너무 재미있어 마음이 한결 밝아졌다. 부처님 상호도 근엄하고 위엄보다는 친근감 있게 조성되는 것도 어떨까 싶다.

마조에 관한 기록에서 "마조는 소처럼 걷고 호랑이처럼 사람들을 바라보았으며, 혀를 내밀어 콧등을 덮을 수 있었고, 발에는 두 개의 바퀴무늬가 있었다."고 전한다. 이런 말들은 위대한 사람의 형상을 표현할 때 쓰이는 언구들인데, 나한님들의 상호에서 마조의 자유로운 풍모, 호방한 심성, 마조 사상의 자유로움을 보았다.

도량을 참배하는 동안 보살님 한 분이 안내를 해 주었고, 지극 정성으로 대해 주었다. 찻집에서 차를 한 잔 마시는데, 과일을 챙겨다 주고, 찻잔에 물이 조금만 비워도 뜨거운 물을 연신 부어댄다. 여름이라 해가 긴데다가 마조의 출생지에 위치한 마조사로 가기 위해 나한사를 나오

---

1 포대화상은 원래 당나라 말기인 오대(五代) 때, 절강성 봉화현(奉化縣) 출신의 계차(契此, ?~916) 스님이다.

― 나한사 보본당 당우 안에 모셔져 있는 마조상

― 나한사 오백나한전의 익살스런 나한님들

려고 하니, 몇몇 보살님들이 "마조사를 참배한 뒤 다시 나한사로 돌아와 하루 묵으라."는 간곡한 청이다. 나중에 알고 보니, 마조사는 외부 승려가 머물 수 없을 정도로 매우 작은 사찰이었다.

사찰 앞에서 택시를 기다리는 동안 보살님이 지켜 서 있었다. 한참을 기다렸는데, 내가 택시를 탈 때까지 옆에 서서 '조심하라'는 말을 몇 번이고 강조했다. 가끔 사찰에서 만나는 불교신자들의 지극함은 한국의 보살님들과는 차원이 다르다. 외국 승려인데도 마치 부처님 대하듯이 하여 마음이 숙연할 정도이다. 이 글을 쓰고 있는 동안, 다시 그들을 떠올리는데 감사한 마음이 간절하다.

중국인들의 불심은 대단하다. 몇 년 전 미얀마 파옥센터에서 수행한 일이 있었는데, 그곳에는 유달리 대만 스님들이 많았다. 상주대중이 800여 명이었는데, 점심공양 한번 내려면 두 달 반 이상은 기다려야 한다. 대만 신도들의 공양이 밀려 있기 때문이다.

그러고 보니 이틀 전에도 대자사 앞에서 택시를 타려고 손을 흔들었는데, 마침 내 앞에 선 택시에서 어떤 보살님이 내렸다. 그 와중에도 보살님은 내 행선지 택시값을 보시하였다. 이런 때마다 생각해 본다. 과연 한국의 보살님들도 외국 승려에게 이렇게 극진하게 대하는지 궁금하다.

마씨네 키쟁이 코흘리개가 지나가네
―시방시(邾防市) 마조 출생지 마조사

곳곳이 총림이요 쌓인 것이 밥이거니
대장부 어데 간들 밥 세 그릇 걱정하랴.
황금과 백옥만이 귀한 줄을 아지 마소
가사 옷 얻어 입기 무엇보다 어려워라. ― 순치황제 출가시

    마조가 수행하고, 깨달음을 이루며, 처음으로 법을 설하고, 제자들을 지도했던 곳은 사천성이 아닌 강서성·호남성·복건성 등지였다. 마조는 고향을 떠난 이래 처음으로 제자들을 이끌고, 고향을 방문했다. 마조 일행이 고향 마을에 들어섰는데, 마침 동네 입구에서 일하고 있던 할머니가 마조를 보고 외쳤다.

"어, 마씨네 키쟁이 코흘리개가 지나가네."

마조가 이 말을 듣고, 제자들에게 말했다.

"출가해 나이 들어서 절대 고향에 가지 말라."

예수도 성인이 된 후, 고향에 갔다가 고향 사람들에게 당한 곤욕이 있어 제자들에게 '절대 고향에 가지 말라'고 하였다.

이 말은 나도 실감하는 바이다. 형제가 다섯인데, 부모님 이외에는 형제들이 불교에 대해 문외한이다. 형제들이 내게 예우를 갖추어야 하는 줄은 알지만 어릴 때의 이름이 불쑥 나오기도 하고, 서로 존칭 쓰는 것도 어색하다. 게다가 서로 주제 삼을 대화거리가 없으니 당연히 만나는 일이 드물다. 이외 친척들을 만나도 어릴 때 본 내 모습을 떠올리는 지라 여간 껄끄러운 일이 아니다. 내가 살고 있는 부근에 6촌뻘 되는 고모가 한 분 사는데, 10년이 다 되도록 한 번도 본 일이 없다.

부처님께서 성불하시고, 고향 카필라성에 돌아가 이복동생 난다, 사촌인 아난·아나율·제바달다, 아들 라훌라 등 여러 사람들을 출가시켰고 일가친척들을 제도하였다.

《증일아함경》에는 "부처님의 아버지 정반왕은 왕족인 석씨가문에서는 형제가 두 사람이면 한 사람은 반드시 도를 닦아야 한다. 그렇게 하지 않으면 중한 벌을 내릴 것이다."라고 했다는 내용이 전할 정도이다.

또 십여 년 전에 열반한 일타 스님의 일가친척 및 형제 49명이 출가하였다. 나는 이런 점이 가끔 부러울 때가 있다. 내 가족이나 친척들은 전혀 부처님 인연이 없는 것 같다. 내게 고모나 이모되는 분들은 기독교 신자인데 나를 불쌍히 여긴다고 한다. 형제들도 같은 서울 안에 살면서도 거의 내왕이 없고, 남남처럼 지낸다. 그나마 아직 부모님이 살아계셔서 소식 정도는 듣는다. 교화도 해야 하는데, 쉽지 않은 일이요, 누가 문제인지 모르겠지만 해결할 수 없는 영원한 미지수다.

나한사 산문 앞에서 택시를 타고 15분 정도 달리다 보니, 도로 지명

—마조 고향을 상징하는 도로 간판. 제일 하단에 '마조의 고향 유적지 겸 유원지'라고 쓰여 있다

— 마조 고향은 현재 유원지 겸 유적지로 탈바꿈되어 있다(위의 사진은 마조유원지에 있는 이정표)

에 '마조의 고향 유원지[馬祖故里風景區]' 라는 지명이 나온다. 마조는 고향과 매우 가까운 곳으로 출가한 것이다. 마조가 태어난 시팡시什防市 양로구진兩路口鎭은 현재 마조의 이름을 따서 '마조진'으로 지명이 바뀌었다. '마조'라는 인물과 선사상을 부각시켜 마조 출생지인 고향을 유적지 및 유원지로 만들었으며, 앞으로도 유원지로서의 다른 연계 발전을 꾀하는 것으로 보인다.

마조가 열반한 후 마조의 고향 사람들은 마조사를 창건하고, 도량에 마조상을 모셨다.[2] 당나라 때 이후, 비록 작은 사찰이었지만 근대까지 마조사는 존재했었다. 1200여 년간 풍파의 세월을 이겨낸 마조사는 문화혁명(1967~1976)을 거치는 동안 철저히 파괴되었고, 마조가 출가한 사찰인 나한사의 탑과 마조상까지 모두 훼손당했다.

중국 관련 글을 쓰면서 문화혁명이라는 말을 자주 언급했고, 언급하지 않을 수 없는 큰 사건이었다. 마오쩌둥이 자신의 정권을 유지하기 위해

---

2 《관현지(灌縣志)》에 의하면, 마조가 입적한 후 관현에 마조사를 창건하고 사리탑을 세웠다고 전한다.

10년간 10대 중후반의 어린 홍위병들을 이용해 역사와 문화·유물·종교까지 철저히 파괴시켰고, 예술가와 지식인을 숙청했던 대 사건이다.

그런데 아시아권 여행을 몇 년 다니면서 느꼈지만, 일본도 미얀마도 부처님 코앞에서 사진을 찍어도 크게 문제 삼지 않는다. 그런데 유달리 사진을 찍지 못하게 하고, 문화재를 끔찍이 아끼는 나라가 중국이다. 하다못해 근래 조성된 불상이나 건물조차도 사진을 찍지 못하게 한다. 중국의 역대 이래 불교나 도교·유교까지 파괴할 때는 철저하게 파괴하고, 보호할 때는 열심히 보호하고 있으니 참으로 아이러니한 중국이다.

각설하고, 1993년 마조의 고향 주민들이 성금을 모아 문화혁명 때 파괴되었던 마조사를 다시 중건하고 마조상을 조성하였다. 또한 2005년에는 이곳에서 마조문화제를 개최하고, 학술토론회를 여는 등 마조현창운동을 하였다.[3]

사천성 시방 주민들이 대외운동을 하면서까지 자랑스러운 승려로서 부각시키는 점을 볼 때, 마조에 대한 관심도가 어느 정도인지를 엿볼 수 있다. 또한 중국불교에서 그가 이룩해 놓은 업적이 어떤지를 가늠해 볼 수 있다. 한편 사천성에는 고대로부터 '마조'라는 이름을 딴 사찰이 수십여 곳이었다고 한다.

마조사에 도착해 보니, 도량 안에 앞으로 불사하기 위한 청사진이 걸

---

[3] 이 마조현창운동은 당시 중국불교협회의 회장이었던 일성(一誠, 1926~) 방장이다. 일성은 허운 화상(1840~1959)의 제자로서 위앙종 10세, 임제종 45세로 양대 법맥을 잇는 선사이다. 일성은 '마조의 현신'이라고 할 만큼 마조와 관련된 사찰을 복원 불사하고 있다.

―위
마조사 전경

―아래
마조사 대웅전 입구에 있는 종

려 있다. 대웅전과 관음전, 요사채만 있는 초라한 작은 사찰에 다섯 분의 승려가 상주한다. 대웅전 안에는 부처님이 모셔져 있지 않고, 마조를 비롯해 다섯 분의 상이 모셔져 있었다. 왼쪽부터 혜능 · 선휘禪輝 · 마조 · 보안普安 · 달마 상이 모셔져 있다.

대웅전 내부에 모셔진 마조 상에 참배하고 나오니, 젊은 승려가 서 있다. 스님께 인사를 하고 마조사와 관련된 자료를 달라고 하니, 주섬주섬 뭔가를 한참 찾는다. 마조사의 연혁과 마조사에 관한 글이 몇 꼭지 있는 작은 책자를 하나 주었다. 워낙이 작은 도량인데다 택시 기사가 기다리고 있어 차에 올랐다.

그런데 차를 타고 나오는 길녘에 보니, 그냥 돌아가기에는 너무 후회될 것 같았다. 결국 택시비만 두 배로 주고 차를 돌려보냈다. 내려서 간단히 요기도 하고, 천천히 그 주위를 살펴보기로 하였다. 이런 시골은 차편이 거의 없기 때문에 밖으로 나가는 일이 곤란하지만, 그 문제는 다음에 생각하기로 했다. 예전에 나는 시골 변두리를 이런 무모하고 무식한 배짱으로 몇 개월을 다닌 적이 있다.

택시에서 내렸을 때가 늦은 오후였다. 해가 어스름히 질 때까지 혼자 느긋하게 마조의 고향을 거닐었다. 마조풍경구 중심부에 큰 호수가 있는데 사람들의 낚시터였고, 찻집 · 마조 서원書院 · 마조 선 연구소 등이 있으며, 곳곳마다 달마와 혜능의 행적 · 마조의 행적지 · 선종 법맥도 · 마조와 제자들의 법거량을 표현한 글들을 간판화시켜 세워 놓았다. 또

— 위
마조사 대웅전에 모셔진 선사들
(왼쪽부터 혜능, 선휘, 마조, 보안, 달마)

— 아래 좌
대웅전 벽에 그려져 있는 마조상

— 아래 우
법당 구석에 모셔진 익살스런 마조상

한 마조의 옛집을 복원하려는지 준비중이었다. 분명히 주변은 인근에 마을이 있는데, 조용한 시골 마을이었다.

한 인간이 이룩해 놓은 사상으로 인해 수많은 사람들이 구제될 수 있는 밑거름이요, 천여 년이 지나서도 그의 인물됨이 존중된다니, 참으로 위대한 마조 스님이다. 그의 행적지를 둘러보면서 나는 참으로 왜소한 인간이라는 자괴감이 든다. 나 같은 사람은 마조 스님과 같은 분이 이룩한 업적과 사상으로 덕을 보고 살아가는 것이 아닌가 싶다.

그런데 더워도 너무 덥다. 36도 정도 되는 것 같은데, 햇빛은 강하다 못해 시뻘건 불을 토해 내는 것 같다. 평소에 한국에서 일주일에 하루나 이틀, 강의하기 위한 외출 이외에는 방구석에 처박혀 논문 쓰는 일로 2년을 보내면서 멀리 떠나고픈 마음이 불쑥 불쑥 일어나곤 했었다. 그런데 막상 떠나와 있는 이 자리에서 나의 마음상태는 어떤지에 대해 나 자신에게 물어 본다. '그렇게 떠나고픈 길이었는데, 떠나온 길에서 행복하냐?'고.

인간이 끊임없이 무언가를 갈구하는 것은 어쩔 수 없는 본능이요, 그 자체가 두카[苦]이다. 어디서나 문제의식은 있기 마련이다. 벌써 한국을 떠나온 지 보름이 다 되어 가는 동안에도 내 안에서는 새로운 문제[苦]를 만들어내고 있다. 인간은 생각의 동물이라고 하지만, 그 생각이란 범부 중생에게는 바로 고통을 만들어내는 근원처이다. 그래서 지혜를 얻어야 생각으로 고통을 만들지 않는다.

그러니 인간은 어디에 살아도 발생하기 마련인 '두카'를 긍정적으로 보느냐, 부정적으로 보느냐에 따라 인생은 달라지는 법이다. 이런 까닭에 이 세상 모든 만물이 마음에서 비롯된다고 하는 것이다. 스승들의 행적을 찾아가는 이 순간에 행복하지 않고 만족스럽지 못하다면 어디에 유토피아가 있을 것이며, 이 순간의 내 마음을 관(觀)하지 못한다면 어디에 평온이 있을 것인가?

시골 버스 안에서 느낀 중국인들의 따스함
— 삼대현三台縣 혜의정사 I

봄에는 꽃이 있고, 여름에는 시원한 바람이 있고,
가을에는 달이 있고, 겨울에는 눈이 있다.
망상에 사로잡히지만 않는다면 모두가 좋은 계절이다.
— 무문혜개

이전에 중국 시골 지역을 여행할 때도 교통편이 무척 불편했다. 몇 년 만에 다시 시골 지역을 다니는데, 불편함은 마찬가지이다. 중국은 대도시만 변화롭고 화려할 뿐 시골 지역은 그리 부유하지 않다. 중국은 대도시 베이징이나 상하이를 대외적으로 보여주기 때문에 외국에서는 중국 경제가 획기적인 발전이 있는 것처럼 보인다.

발전한 것은 사실이지만 중국은 빈부격차가 너무 심하다. 이들의 간격이 점점 심화되고 있다. '인민을 위해 복무한다[爲人民服務]'는 그럴싸한 캐치프레이즈(마오쩌둥 때부터 쓰던 말)를 내걸어 놓은 공산당은, 특히 고위급 관리들은 수많은 뇌물로 재산을 축적하고 있다. 현 중국의 상황은 몇몇 부유층들은 배가 기름지고, 노동자나 소수민족은 근근이 살아가는 이들

— 마오쩌둥 동상. 역전이나 대학, 광장 등 곳곳마다 마오쩌둥 동상이 있다. 또한 '인민
을 위해 복무한다'는 언구가 새겨져 있다(호남성 장사 기차역)

이 적지 않다.

시골 주민들 중 일부는 초라함의 극치를 달리고, 대도시 역전 근방은 거지 떼들로 넘쳐난다. 반면 전 세계 100대 부자들 중에서 4분의 1이 중국인이라는 통계가 나와 있다. 근래에도 제주도에 있는 별장이나 빌라를 사들이는 중국인이 많다는 보도가 있었다.

당나라 때 불운의 시인 두보杜甫(712~770)가 당시 통치자들의 사치와 부패를 고발한 〈경사에서 봉선현으로 가며 느낀 시, 오백자〉라는 시 구절에 이런 내용이 있다.

"귀족들의 집에서는 술이 쉬고 고기 썩는 냄새가 진동하는데, 길에는 얼어 죽는 사람의 뼈가 뒹굴어 다닌다."

나는 지금 중국 시골 지역 사람들의 모습을 보면서 왜 1200년 전의 두보 시를 떠올려야 하는지 모르겠다. 이럴 때마다 실감한다. 이 세상에 영원한 유토피아는 없다는 것을.

오랜만에 시골의 낡은 버스를 타게 되었다. 시골의 버스기사는 40인승 버스에 거의 50명 이상을 태우고, 유치원용 15인승 버스에 50명까지 아이들을 태운다. 또 어느 시골 택시는 4인승인데 7명까지 태운다. 그냥 사람을 짐짝처럼 구겨 넣는다고 생각하면 맞다. 중국 여행을 오래 했어도 안전띠 매라는 소리는 한 번도 들어본 일이 없다. 게다가 시골 버스는 닭, 오리, 개 등 모든 가축들까지 생명이란 존재는 모두 태운다. 말 그대로 시골 버스는 모든 중생이 함께 어우러지는 다양한 중생세계이다.

이번 사천성 시골 버스는 가축은 차 트렁크에다 넣고, 사람도 정원 이외에는 태우지 않았다. 올림픽을 치르더니 문명화되었다고 생각했는데, 이 점은 또 오산이었다. 교통경찰이 단속하는 부분에서만 조심하지, 이전과 마찬가지였다.

어쨌든 많이 좋아지기는 했지만 시골 도로는 비포장도로인데다, 끊임없이 경적을 울려대고 버스 기사들의 운전 실력 또한 대단하다. 중국인에 대해 만만디[慢慢的, 느긋한]정신이 있다고 하는데, 내가 느낀 중국인들의 성품은 절대 만만디하지 않다. 다음에 중국 올 때는 사망보험이나 하나 들어놓고 와야겠다. 아무튼 운전사들이 황천길로 향하는 지름길을 너무 잘 알고 있는 듯하다.

몇 달 전 사천성 성도에서 어느 운전사의 음주운전으로 네 명이나 목숨을 잃은 사고가 발생했는데 이 운전사에게 사형이 언도되었다. 중국도 지역마다 법이 다르므로 중국 전역의 법은 아니지만, 꽤 법적 형벌이 무거운 편이다. 유학과 불교가 발달해 인본人本을 강조하면서도 고래로부터 중국은 사람의 체벌만큼은 비인간적인 면이 많다. 수많은 사람들을 통제하기 위해서는 어쩔 수 없이 체벌이 무겁고, 사회주의 체제가 도입될 수밖에 없을 것 같다.

오늘은 에어컨도 제대로 안 되는 시골 버스를 타고 여섯 시간 정도 이동 중이다. 닭을 가지고 승차한 사람이 있었다. 중간 휴게실에서 차가 잠시 정차했는데, 차장이 버스 트렁크 안에서 닭이 알을 낳았다고 내게 먹으라고 권한다. 못 먹는다고 손사래를 치자, 기다렸다는 듯이 냉큼 자기 입으로 들어간다.

게다가 정원 이외의 사람은 태우지 않지만, 버스 중앙통로에 땅콩을 한가득 실었다. 버스 차장은 땅콩 포대를 뚫어 땅콩을 한주먹 꺼내어 먹으라며 내게 주었다. 먹어보니 갓 농사지은 땅콩인데 비릿하지 않았다.

승객들도 마치 자기 것인 양 손가락으로 포대를 구멍 내어 땅콩을 먹었다. 게다가 중간에 승차하는 손님들은 당연하다는 듯 땅콩을 밟고 지나가고 통로 쪽에 앉은 승객들은 땅콩 포대 더미에 신발 신은 채로 발을 올려놓는다. 그런데 중앙통로에 땅콩이 있어 드나들기 불편할 텐데 승객 중 누구 하나 불평하는 사람이 없었다. 참 묘한 중국이다.

버스 기사와 차장은 이런 시골 버스에서 한국인은 처음이라며 계속 친절을 베푼다. 물을 주고, 중국의 옛 음악을 들려주고, 햇빛이 들어온다며 차양을 내려주고. 이런 중국 시골 사람들의 정이 그리워서 또 중국을 오나 보다. 중국인에게는 한국인과 다른 인간적인 정감이 있다. 매 학기마다 동국대학교 교양과목 수업에 중국 학생들이 수강한다. 중국 학생들의 인간다움에 여러 번 감동을 받곤 한다.

수업 시작해서 5분쯤 학생들에게 명상을 시키는데, '지각하는 학생은 문 입구에 서 있다가 명상이 끝나면 들어오라'고 학기 초에 일러둔다. 한국 학생들은 이런 지시에도 아랑곳하지 않고 강의실에 들어온다. 들어와서도 남에 대한 배려가 없이 소리를 내는 반면, 중국 학생들은 꼭 이 약속을 따른다. 고시원에 살고 있는 가난한 중국 유학생이 내게 중국 스승의 날(9월 10일), 점심을 사겠다고 하여 함께 식사한 적이 있다. 세상에서 제일 맛있는 공양이었다.

이 시골 버스를 타고 가는 목적은 사천성 삼대현三台縣 장평산長平山에 위치한 혜의정사慧義精舍이다. 이 혜의정사를 찾아가는 것은 무상·무주·마조·서당의 행적이 있기 때문이다.

무주無住는 무상의 제자요, 서당西堂은 마조의 제자로서 무상·무주, 마조·서당의 법연은 떼려야 뗄 수 없는 스승과 제자 사이이다.

당나라 때, 혜의정사에서 남선원南禪院 조사당 안에 무상과 무주, 마조와 서당의 진영眞影을 벽에 그려서 모셔놓고 공양하였다. 즉 당우 안에

— 혜의정사(현 금천사) 입구와 경내 도량

벽화 형식으로 네 분의 상을 그렸던 것으로 추측해 볼 수 있다. 851년에 시인 이상은李商隱(812~858)이 쓴 〈당재주혜의정사남선원사증당비唐梓州慧義精舍南禪院四證堂碑〉에 이 사실이 기록되어 있다. 〈사증당비〉의 내용을 보면 이러하다.

> "聖敬文思和武光孝皇帝陛下 在宥七年 尙書河東公作四證堂於梓州 慧義精舍之南禪院 圖益州靜無相大師 保唐無住大師 與洪州道一大師 西堂知藏大師四眞形於屋壁."

여기서 '사증당'이라고 할 때, 증證은 범인을 초월한 뛰어난 성인이나 선각자라고 보면 옳을 듯하다. 851년 〈사증당비〉에 관한 기록이라면, 적어도 그 이전 840년대에 네 분의 진영에 공양하였다는 뜻이다. 그렇다면 무상 대사가 열반한 지 80여 년이 지나서이고, 마조도 열반한 지 50여 년이 넘은 때이다. 이때는 남방 지역인 강서성江西省과 호남성湖南省을 중심으로 수많은 선사들이 수행했고, 선종의 비약적인 발전이 있던 무렵이다.

바로 이런 시기에 무상 대사와 마조 선사가 함께 거론되고, 제자들인 무주와 서당의 진영이 함께 모셔졌다면, 무상 대사와 마조의 사법문제가 전혀 근거 없는 설이 아니라는 점이다.

한편 무상 대사가 활동한 사천성과 선이 풍미했던 남방 지역은 며칠 만에 왕래할 수 있는 지척의 거리가 아니다. 수개월을 걸어야 갈 수 있는 그런 거리이다. 그렇다면 무상 대사의 선사상이 사천성뿐만 아니라 남방에도 상당한 영향을 끼쳤을 것이라고 짐작해 볼 수 있다.

앞에서 중국 학생들을 거론했는데, 여기서 '스승과 제자'라는 말이 자주 나오니, 중국 학생들에 대해 또 한 가지 떠오르는 일이 있다. 작년 불교 교양과목 수업에 중국 학생 몇 명이 내 수업에 수강했었다. 이번 스승의 날(5월 15일)에는 전 학기에 수강했던 중국 학생들의 문자나 이메일이 몇 개 도착했다. 단기간에 만난 인연인데도 이들은 잊지 않고 문자를 보내 준다. 이럴 때마다 중국인들의 스승에 대한 예우에 감탄하곤 한다. 솔직히 한국 학생들에게는 전혀 찾아볼 수 없는 일이다.

중국 스님들은 입적한 지 얼마 안 된 스승들의 진영이나 위패를 조사전에 모시고 매일 공양을 올리는 사찰도 있다. 또한 사리탑이나 부도탑에 차와 공양을 올리는 스님도 있다.

스승에 대한 예우가 중국인들에게는 하나의 문화적인 정서가 아닌가 싶다. 특히 여기에서 스승과 제자의 인연을 언급하면서 중국인들의 문화적인 정서가 승려들에게 배어있다는 생각이 든다.

무상·무주·마조·서당의 진영을 그리며
—삼대현三台縣 혜의정사 II

> 오늘은 평생에 다시 오지 않는 날임을 생각하며 혼자서 차를 마신다.
> 주위는 쓸쓸하여 말벗으로는 오직 차관뿐이로다.
> ― 무명

무상 대사와 마조의 관련된 정황들을 생각하는 외중에 버스는 삼대현 버스 정류장에 내렸다. 5년 전에 혜의정사에 온 경험이 있어 바로 혜의정사로 향했다. 버스 정류장에서 20여 분 거리에 위치한 작은 야산 중턱에 위치해 있다. 가는 내내 실망할 것이라는 것을 알고 간다. 이전에 찾아갔을 때, 승려가 상주하지 않는 초라한 사찰이었음을 떠올렸다. 또한 힘들게 찾아가는 혜의정사에 애석하게도 〈사증당비〉가 현존하지 않는다는 점이다.

혜의정사에 도착하니, 예전에는 없었는데 절 옆에 찻집과 음식점이 있었다. 잠시 쉬면서 마음도 정리할 겸 찻집에서 뜨거운 차 한 잔을 마시면서 아래 마을을 바라보았다.

무상의 제자 신청神淸 스님도 혜의사에서 《북산록北山錄》(10권)을 저술하였다. 신청 스님이 《북산록》을 저술하면서 머리를 식히기 위해 이곳에서 산 아래를 굽어보았으리라. 무상·무주·마조·서당, 네 분의 진영은 어떤 모습이었을까(?)를 생각해 보았다.

무주無住(714~774) 스님은 무상 대사 문하에 들어가기 전 진초장 거사에게 혜능의 돈오선법頓悟禪法을 익혔고, 다시 혜능의 제자인 자재自在 스님 문하에 출가했다. 후에 무주는 사천성으로 건너와 무상 문하에서 공부를 하며 무상의 선법을 이어 받았다. 결국 무주는 세 사람으로부터 법을 이어 받은 셈이다.

선종사에서 무상 대사의 선을 정중종淨衆宗이라고 한다면, 무주의 선을 보당종保唐宗[4]이라고 한다. 무상 대사에게는 여러 제자가 있지만, 《역대법보기》에는 무상의 법을 이어받은 제자로 무주 스님만 전한다.[5]

서당지장西堂智藏(735~814)은 강서성 영도현寧都縣 출신으로 13세 때 임천臨川 서리산西裏山에서 마조를 시봉하였고, 7년 뒤에 스승으로부터 법을 받았다. 서당은 마조가 처음 법을 설할 무렵의 제자이니, 마조 문하 가운데 장손에 속한다고 볼 수 있다.

---

[4] 보당종은 사천성 성도(成都) 대력보당사(大曆保唐寺)를 중심으로 무주(無住)가 일으킨 선사상을 말한다. '대력(大曆)'이라는 연호를 붙이게 된 것은 대력 연간에 두홍점(杜鴻漸, 709~769)의 귀의를 받아 일으킨 선종이기 때문이다.

[5] 선종서 《역대법보기》는 지선(智詵) — 처적(處寂) — 무상(無相) — 무주(無住)까지 10조(十祖)에 이르고 있다는 것을 독자적으로 설명하고자 편찬된 내용이다. 《역대법보기》에는 무상 대사와 무주의 사상이 함께 담겨 있지만, 대체로 무주의 선사상이 주를 이룬다. 또한 이 어록은 무주를 부각시킨 면이 있기 때문에 무상 대사의 제자로 무주만 거론되어 있다.

또한 강서성 감주贛州 공공산龔共山 보화사寶華寺는 마조가 법을 펼치던 대표 도량 가운데 하나이다. 마조가 보화사에 머물다 홍주 개원사開元寺(현 남창 우민사)로 옮겨간 뒤에도 서당은 보화사에 남아 법을 펼치다가 이곳에서 열반하였다.

이 서당은 한국불교와도 밀접하다. 앞에서 신라 말 고려 초의 구산선문 가운데 7산문이 마조계 사상이라고 언급했었다. 그런데 이 7산문 가운데서도 가지산문 도의·실상산문 홍척·동리산문 혜철이 서당의 법을 받아와 귀국해 신라 땅에 산문을 열었으니, 서당은 조계종의 스승이기도 하다. 이에 현재 필자가 서 있는 이 혜의사에 서당의 옛 흔적이 있음을 상기할 때, 한국불교와의 연관성을 전혀 배제할 수는 없다고 생각된다.

어쨌든 한국 조계종 법맥을 위한 제막비를 세운다면 당연히 강서성 공공산 보화사에 비를 세워야 할 것이다. 서당이 공공산 보화사에 머물 당시, 가르침을 받고자 보화사에 운집하는 대중이 마치 마조가 살았던 때와 같았다고 한다. 당시 태수 이공주는 "서당은 천하에 유명한 사람이었다. 그는 스승 마조를 정성스럽게 섬기는 것이 마치 안회가 공자를 섬기는 것처럼 극진한 제자였다."라고 서당을 평했다. 《전등록》에 서당을 포함한 제자들의 유명한 이야기가 전한다.

어느 날 서당·백장·남전 세 사람이 마조를 모시고 달맞이를 갔다. 그때 마조가 제자들에게 물었다.

— 좌
강서성 감주 공공산 보화사
서당지장 탑 내부에 모셔진
서당의 상

— 가운데
백장회해 진영

— 우
남전보원 진영

"바로 지금 같은 때에 무엇을 하면 가장 좋겠는가?"

서당지장이 말했다.

"공양하는 것이 가장 좋겠습니다."

백장회해가 말했다.

"수행하기에 가장 좋겠습니다."

그런데 남전은 아무 말도 하지 않고 소매를 뿌리치면서 그냥 가버렸다.

그러자 마조가 말했다.

"경經은 서당에게 들어가고, 선禪은 백장에게로 돌아가는데, 오직 남전만이 경계에서 벗어났구나."

위 이야기로 볼 때, 서당보다는 무자無字와 끽다거喫茶去 공안으로 유명한 조주의 스승 남전보원南泉普願(748~834)과 청규를 제정한 백장회해百丈懷海(749~814)가 강조되면서 서당의 활약과 법력이 축소된 감이 있다.

마조의 제자 가운데 마조 사후에 시골 지역에서 나름대로 독자적인 가르침을 펼친 제자도 있지만, 중앙에 진출한 제자도 있었다. 흥선유관(755~817)·장경회휘(755~816)·아호대의(746~817)는 제도 장안에 진출해 중앙 관료 및 황제와의 직접적인 접촉으로 마조의 가르침을 선양한 이들이다. 실은 이들로 인해 마조 스님 사후, 혜능은 대감大鑑, 남악은 대혜大慧, 마조에게는 대적大寂이라는 시호가 내려지기도 하였다.

당시 중앙에 진출한 승려들은 북쪽에서 활동했고, 서당은 시골 지방인 남쪽에 살았다. 마조선에 있어 '남쪽과 북쪽의 대립'이라는 기록이 있는데, 당시 장안에 진출한 이들을 북쪽이라고 했다면, 남쪽의 대표를 서당으로 보았다.

또한 서당은 마조의 십대 제자 가운데 한 사람으로 기재되어 있을 만큼 마조 법맥에서 중요한 위치를 차지하며, 한국불교에서나 선종사에 그의 위치는 결코 작지 아니하다. 근래 서당에 관한 연구가 활발한 것도 예전의 서당의 행적을 무시할 수 없기 때문이다.

혜의사는 동천진滝川鎭 북천로北泉路 장평산에 위치하는데, 북주北周 시대 557~581년에 창건되었다. 처음에 안창사安昌寺로 불리다가 당나라 때 혜의사慧義寺, 남송 시대에 호성사護聖寺라고 하였다. 명나라 때 금천사琴泉寺라고 불렀다가, 1928년에는 감로사甘露寺라고 하였다. 현재는 '금천

― 금천사라고 쓰인 비

—혜의정사 관음전. 이 관음전 자리가 옛날 사증당 당우가 있던 자리이다. 현재도 혜의사의 큰 법당격인데, 사찰 전체가 온통 먼지로 가득하다

사'로 부르고 있는데, 법당 뒤편 절벽 쪽에 샘물이 흐르는데 마치 그 소리가 거문고 소리처럼 맑고 청아하다고 하여 '금천琴泉'이라고 하였다.

아마 이 글을 읽는 분들은 사찰 이름이 '금천'이라고 하니, 풍경이 아름다운 곳에 위치할 것이라고 생각할지도 모른다. 조금 섭섭한 말이지만 오산이다. 혜의사는 마을 언덕배기에 위치하며 동네 야산 정도이다. 중국 사람들 말에는 조금 과장이 심하다. 그냥 뻥이 조금 세다고 보면 된다.

어느 곳이나 '천하제일' '동국제일' '남방제일' '서천제일' 등 아무데나 '…제일'을 갖다 붙인다. 글을 쓸 때 중국에서 발행된 책자나 안내서를 인용하는데, 곳곳마다 '…제일'이라는 표현을 나도 그대로 옮기는 경우가 있다. 결국 나도 닮아가는 셈이다.

이 혜의사에 도착해 아무리 이곳저곳을 기웃거려도 맥만 풀린다. 현재 이 사찰은 예전 몇 년 전과 똑같이 승려가 거주하지 않으며 불사 중이었다. 35도를 웃도는 더운 날씨에 시골 버스를 타고 몇 시간이나 걸려 혜의사에 왔건만, 황량한 사회주의 국가 이념만이 나를 반긴다.

필자는 혜의사를 두 번째 찾아왔는데, 먼지를 수북이 뒤집어 쓴 관음전의 관음보살 미소에 그나마 위안을 삼는다. 이 관음전 자리가 그 옛날 네 분의 진영이 모셔져 있던 '사증당' 당우(남선원南禪院)가 있던 곳이라고 하여 관음전 내에서 한참을 서성거렸다. 그 옛날 청정 도량이었던 사찰은 잡초 더미와 쓰레기만이 제 세상을 만난 듯 널부러져 있다. 올곧게 수행했던 서슬 푸른 승려들은 다 어디로 갔을까?

이제까지 사천성에서 며칠을 보내며 무상과 마조의 행적지에서 고삐 풀린 망아지마냥 싸돌아 다녔는데, 오늘은 주저앉아 쉬고 싶을 정도이다. 며칠 전 '사천성이 고향 같은 곳이니…' 하며 환희로웠던 마음은 사라지고, 오늘은 왠지 이곳이 낯설기까지 하다.

잔뜩 기대한 내가 잘못이다. 어떤 것에 기대할 필요도 없고, 실망할 필요도 없다. 그냥 있는 그대로 보면 된다. 원래 그대로였건만 내 마음의 on과 off 스위치를 올렸다 내렸다 하고 있으니 나는 언제쯤 철이 들까? 그런데 이론적으로 분명히 자각하고 있건만 그 냉정한 이론이 감정으로까지 쉬이 변화시키지 못하고 있다. '내가 무엇을 하고자 이곳까지 왔는가?'라는 절망감과 허전함이 내 가슴에 엄습해 온다.

잠시 더위나 식히고, 오늘 묵을 숙소를 찾아 내려가야겠다.

무상 대사는 풀을 엮어 옷으로 삼고 음식을 줄였으며, 음식이 없어지면 흙을 먹을 정도로 수행했다. 맹수들이 무상 대사에게 감화를 받아 그를 호위해 주었다. 무상은 한번 선정에 들 때마다 五일간 삼매에 들었다. 눈이 많이 내린 어느 날 두 마리의 짐승들이 먹을 것을 찾아 무상 앞에 나타나자, 무상은 벌거벗은 채로 짐승들에게 보시하려 했으나 짐승들은 무상의 머리부터 발끝까지 냄새를 맡으며 둘레를 돌다가 돌아갔다. 대사가 밤중에 좌선하는 와중에 호랑이의 수염과 털을 눌러 손에 잡힐 정도였다.

3장

무상대사의 구법

무상대사의 위대한 정진력
― 성도成都 외곽 천곡산(현 청성산)

> 정진하는 구도자에게는 매일 매일이 행복한 날이다.
> 시간은 흘러가도 그는 결코 시간의 흐름에 표류하지 않는다.
> ― 선월관휴

출가 수행자가 욕망을 떨쳐내고 열반을 얻기 위해 처절하게 고행하는 것을 두타행頭陀行이라고 한다. 두타행은 마을과 떨어진 고요한 곳에 머물며, 왕이나 신도들의 공양을 받지 않고 걸식하거나 거친 음식을 먹는다. 또한 가난한 사람과 부자를 가리지 않고 일곱 집을 차례로 걸식하는데, 만일 음식을 얻지 못했을 경우 그날은 굶어야 한다.[1]

하루 한 끼 식사에 배고픔을 면할 정도로만 먹고, 분소의糞掃衣[2]를 걸치며, 나무 밑에서 잠을 자고, 무덤가에서 부정관不淨觀과 무상관無常觀을

---

1 이 제도를 7가식(七家食)이라고 한다.
2 분뇨가 묻은 헝겊을 주워 모아 지은 옷이라는 뜻으로, 사람들이 입다가 더 이상 입을 수 없게 되어 버린 다 떨어진 옷을 지칭한다. 이 어원 속에는 '가사'를 지칭하기도 한다.

닦는 등 수십여 가지가 있다. 부처님의 십대 제자 가운데 상수上首인 가섭존자는 '두타제일'로 알려져 있다.

아난존자는 부처님이 55세부터 열반하기 직전까지 25년 동안 부처님을 모셨다. 중아함《시자경》에 의하면, 아난은 부처님의 시자가 되면서 부처님께 세 가지 약조를 했다고 한다. 부처님께서 왕이나 장자의 집에 공양 초대를 받더라도 자신은 함께 가지 않으며, 부처님께서 입으시던 가사를 절대 물려받지 않겠다는 약조였다.[3]

12세기 티베트의 밀라레빠는 동굴에서 수행할 때 먹을 것이 없어 풀을 삶아먹어 온몸이 푸른색이 될 정도였고, 입을 옷이 없어 헐벗은 채로 수행하였다.

신라인으로서 중국인들에게 지장보살의 화신으로 추앙받는 김교각 스님도 구화산에서 수행할 때 먹을 것이 없어 발우에 흰 모래와 소량의 쌀이 담겨 있을 정도로 정진했다고 한다.

중국은 당·송나라 때 이후 불교가 조금씩 쇠퇴하여 두타행하는 승려들이 존재하지 않았을 거라고 단정하는 이들이 있다. 하지만 중국 스님들 가운데 명·청·근대에 이르기까지 두타행자가 많았다.

중국 근대 대표적인 선승으로 알려진 허운虛雲(1840~1959)과 래과來果(1881~1953)는 젊어서 수행할 때 두타행으로 일관하셨다. 또 율종의 홍

---

[3] 한 가지를 더 언급하자면, 때가 아니면 부처님을 뵙지 않는다는 것이다. 아난은 혹 어떤 이들이 "아난 비구가 옷을 위하여 세존을 모신다. 아난은 밥을 위해 세존을 모신다."고 비방할 것을 염려했었다. 필자는 아난의 청정비구로서의 위의를 지키는 그 자체가 두타행이라고 생각된다.

일弘一(1880~1942)은 당시 예술가로서 자유분방한 삶을 살다가 39세에 출가해 평생 동안 계율을 철저하게 지켰으며, 남산율종[4]을 중흥시킨 분이다. 평생 두타행으로 일관했으며 맨발이나 짚신으로 다녔고 각처를 행각하며 고고하게 살다간 분들이다.

고래로부터 섬서성陝西省 서안西安 부근 종남산終南山[5]은 두타행자가 많았다. 중국에 공산당이 들어선 이후에도 출가해 종남산에 머문 수행자가 있을 정도이다.

또 한 예로 복건성福建省 태모산太姥山의 한 승려는 50여 년을 두타행으로 산속에서 홀로 살았는데, 이 스님은 마오쩌둥이 누구인지도 몰랐다고 한다. 아무리 수행자라고 하지만, 말이 두타행이지 굳은 심지가 아니면 결코 쉬운 일이 아니다.

글을 쓰면서 이런 두타행에 관해 언급할 때는 내가 가식적인 사람으로 느껴져 잠시 컴퓨터 작성을 쉬게 된다. 고래로 옛 스승들의 수행 덕으로 나는 덤으로 살아가고 있다는 자괴감이라고 할까?

앞글 무상 대사의 행적에서 "무상은 사천성으로 와서 당화상인 처적에게 법을 받기 이전과 법을 받은 이후에 다시 천곡산天谷山에서 두타행

---

[4] 남산율종(南山律宗)은 도선(道宣, 596~667) 스님이 처음으로 연 종파이다. 도선은 16세에 출가하여 지수율사(智首律師)에게 율전(律典)을 공부하고 선관을 닦았다. 642년 종남산으로 들어가 강의를 하고 책을 저술했다. 그는 다양한 부류의 저서가 많은데, 그 가운데 중국불교 연구에 중요한 《속고승전》이 있다. 중국의 선종 사찰 중에는 도선이 '조사전'에 함께 모셔진 경우가 많은데, 그만큼 선 수행 승려들도 율을 중시했고, 현재도 중국에는 율종이 있다.

[5] 종남산은 구마라집이 머물렀던 곳이기도 하다. 중국불교의 8종 가운데 6종이 이 종남산을 근원지로 할 만큼 중국불교의 발원지라고 볼 수 있다.

을 하였다."는 점을 언급한 바 있다.

무상 대사가 두타행을 하였던 천곡산은 사천성 서쪽에 위치한 현재 청성산青城山을 말한다.[6] 또한 무상의 제자 무주 스님이 상주하던 천창산 天蒼山은 청성산 30여 봉우리를 합해 총칭한 것이다.

이 청성산은 성도成都에서 서쪽으로 65km 떨어진 거리에 위치하며, 도강언都江堰에서 10km 떨어진 곳이다. 청성산을 가기 위해 도강언都江堰에 위치한 숙소에 묵었다. 이 도강언은 〈보리사 치립기置立記〉[7]에 의하면 그 옛날 무상 대사가 교화를 펼쳤던 도량 가운데 하나인 보리사가 위치해 있던 곳이다. 현재는 보리사 위치를 전혀 알 수 없다고 한다.

현재 내가 머물고 있는 이 숙소는 3성급[8]에서도 조금 비싼 숙소이다. 홀로 여행하면서 이렇게 좋은 곳에 머문 적이 없는데, 비가 오는 날은 습해서 허름한 숙소는 냄새가 향기롭지 못하다. 게다가 전날부터 비가 내려 여기저기 쑤시는 육신을 쉬어 주어야 할 필요가 있어서이다. 몸

---

[6] 청성산이 무상이 선관을 닦았던 천곡산이었던 사실이 규명된 것은 〈청성산지(青城山志)〉에 의해서다. 〈청성산지〉에는 청성산이 고대산 · 천곡산 · 용거산 · 결원산 · 장인산 · 보원산 등으로 불리다가 오늘날은 청성산으로 불린다.

[7] 〈보리사치립기(菩提寺置立記)〉는 단문창(段文昌, 773~835)이 저술한 것으로 《전당문(全唐文)》 제617권에 수록되어 있다. 이 〈보리사치립기〉는 문장이 수려하고 문학성이 뛰어난 작품으로 알려져 있으며, 무상 대사를 선종의 7조로 추앙하고 있다.

[8] 3성급이란 별이 3개 정도 되는 일반 숙소이다. 중국은 호텔에 급수가 있는데, 서비스와 시설 면에서 1성급에서부터 5성급까지이다. 1 · 2성급은 샤워나 화장실을 공동으로 쓰기도 하고, 혹 화장실 정도는 방에 있는 경우이다. 3성급은 TV, 샤워실, 화장실, 전화 등 기본적인 호텔 설비가 되어 있고, 온수와 에어컨이 된다. 4 · 5성급은 인터넷은 물론 난방과 에어컨 등 모든 시설이 다 갖추어져 있으며 무엇보다 매우 청결하다. 요금은 한국 돈으로 하루에 이천 원부터 몇 백만 원까지이다. 한국 관광객은 대체로 4성급 이상 호텔에 머문다.

지진 피해로 인해
완전히 무너진
청성 후산의 태안사

뚱이는 휴식을 취해 주어야 말을 잘 듣는 법이니까.

비를 좋아하기는 하지만, 여행할 때는 제일 반갑지 않은 손님이다. 장사꾼의 말을 빌리자면, 하루 공치는 셈이요, 홀로 하는 여행객에게는 가장 쓸쓸한 시간이다. 빗님 덕분에 숙소에서 장시간 머물렀다. 오전 10시경 비가 조금 그치자 바로 청성산으로 향했다.

이 청성산은 전산(前山)과 후산(後山)으로 나뉘어 있다. 무상이 두타행을 하였다는 고태안사와 그 윗 봉우리인 백운동이 위치하는 청성 후산(後山)을 향해 출발했다. 터미널에서 버스를 타려는데, 대체로 사람들이 청성 전산(前山)을 가기 때문에 직행 버스가 없었다. 다행히도 버스 차장의 도움으로 중간에 내려 청성 후산행 버스로 갈아탈 수 있었다.

청성 후산 입구에서부터 계곡으로 거의 30분 정도를 달리는데, 그 계곡의 깊이에 절로 감탄되었다. 게다가 사천성이 고대로부터 전쟁 피해가 없어 자연 그대로 보존이 잘 된 곳이라고 하는데, 이 말에 수긍이 갈 정도로 그윽하고 유서 깊은 산이었다. 이런 그윽한 곳에 수행자가 찾아오지 않을 리 없다는 생각이 들만큼 기막힌 절경이 병풍처럼 펼쳐져 있다.

마침내 버스가 청성 후산 중턱인 고태안사(古泰安寺)에 내려주었다(태안사가 버스 종점지이다). 그런데 태안사는 2008년 지진 피해로 인해 사찰이 완전히 사라져 버렸다. 대웅전에 새로 조성하는 부처님과 법당, 먼지를 뒤집어 쓴 포대화상, 폐허가 된 자리에 우두커니 관음상만이 있을 뿐이다.

무상이 철저하게 두타행을 하였던 곳이 바로 오늘날 전하고 있는 백

겨우 비를 가릴 정도인 천막에
태안사 관음보살이 모셔져 있다

대웅전 내 작은 관음상인데,
외부와는 매우 상반될만큼
화려하다

태안사 입구에서 바라본 청성산(천곡산)
봉우리. 멀리 무상 대사가 두타행을
하였던 백운동이 보인다

운동白云洞의 암벽동굴이다. 이 백운동은 청성 후산 고태안사에서 구승동 · 와불동 · 지장동을 거쳐 관음동을 지나서 정상 부근까지를 말한다.

무상 대사가 두타행을 하는 중, 처적 선사에게 가서 가사를 받고 다시 청성산으로 돌아와 수행하였는데, 이 부분에 대해 《역대법보기》에 이렇게 전한다.

"김 화상은 가사를 받고 천곡산 바위굴에 숨어 버렸다. 풀을 엮어 옷으로 삼고 음식을 줄였으며, 음식이 없어지면 흙을 먹을 정도로 수행했다. 맹수들이 무상 대사에게 감화를 받아 그를 호위해 주었다. 무상 대사는 이런 신이한 영험이 있었다."

또 《송고승전》에는 무상 대사의 수행에 관해 이렇게 전한다.

"무상 대사는 한번 선정에 들 때마다 5일간 삼매에 들었다. 어느 날 갑자기 눈이 많이 내렸는데, 두 마리의 짐승들이 먹을 것을 찾아 무상 대사 앞에 나타났다. 무상 대사는 벌거벗은 채로 짐승들에게 보시하려 하였으나 짐승들은 무상 대사의 머리부터 발끝까지 냄새를 맡으며 둘레를 돌다가 돌아갔다. 대사가 밤중에 좌선하는 와중에 호랑이의 수염과 털을 눌러 손에 잡힐 정도였다. 무상 대사가 산속에서 수행한 지 점차 오래되어 갈수록 옷이 다 헤지고 머리가 길어 사냥꾼들이 그를 이상한 짐승으로 여기고 활을

쏘려다가 그만두기도 하였다. 무상 대사는 마을 부근인 성에 들어와서도 낮에는 무덤 사이에 머물렀고, 밤이면 나무 아래에서 좌선을 하는 등 두타행을 하였다. 이에 사람들에게 점차 존경을 받았고, 섬기는 인물이 되었다. 대사를 위해 무덤 옆에 사찰을 지어주는 사람도 있었다."

바로 이런 때, 성도 절도사 장구대부章仇大夫의 귀의를 받았고, 정중사에 머물기 시작하면서 성도의 많은 신자들로부터 귀의를 받았다.

그런데 무상이 두타행을 하였던 백운동 부근은 예전에는 케이블카가 운영되었는데, 2008년 지진 피해로 인해 운행이 되지 않아 무상 대사가 두타행을 하였던 백운동은 그저 눈으로만 바라볼 수밖에 없었다.

참으로 자연재해가 무섭기는 무섭다. 청성산에 오는 내내 파괴된 건물이 그대로 방치되어 있었고, 청성산으로 오는 산길도 보수중인 곳이 많아 차가 지연되기도 하였다.

어쨌든 무상이 두타행을 하면서 머물렀던 도량을 고태안사라고 하는 주장이 있는데, 청성산에 와보니 굳이 태안사라고 할 수 없을 것 같다.

태안사 사찰 연혁에도 무상 대사는 등장하지 않으며, 두타행을 하는데 굳이 사찰에 머물렀을 것으로 생각되지 않는다. 또한 민영규 선생님은 이 태안사에 대해 "당나라 때 보당원保幢院으로 불리다가 당말 송대에 와서 해안사海晏寺로 이름이 바뀌었으며 다시 태안사로 바뀌었다."고 주장한다.

태안사는 당나라 때 창건되어 명나라 때 번성했던 도량이며, 청나라 초기에 다시 중건할 정도로 대총림이었다. 당대 이후 선종사찰로서 수많은 승려가 상주하면서 수행하였고, 조동종 계열의 사찰이었던 것으로 전한다.

청성 후산 수십 봉의 봉우리와 울창한 골짜기 어느 곳에서 무상 대사는 두타행을 했을 것이다. 눈에 들어오는 봉우리 어딘가에서 지금도 무상 대사가 선정삼매에 깊이 들어 있을 것이라고 생각되니, 무상 대사의 덕은德恩이 따사로이 나를 비춘다.

도를 얻으려면 청성산으로 가라
— 성도成都 외곽 청성산

삼라만상은 있는 그대로가 좋다.
봄에는 꽃, 여름에는 두견새,
가을에는 달, 겨울에는 눈이 내려 서늘하도다.
— 도오겐

청성靑城 후산後山 백운동 올라가는 지점 부근(태안사 옆), 노천 식당에서 점심을 먹고 앉은 테이블에서 차를 마셨다. 무상 대사가 두타행을 하였던 백운 동굴이 있는 백운봉 봉우리를 바라보며 차를 마시고 있자니, 여기가 극락이지 어디에 극락이 있겠는가 싶다.

내가 이런 좋은 명산에서 차를 마시는 이 순간만큼은 내 인생에서 처음이요 마지막이다. 차를 마시는 이 순간은 내 인생에서 최고의 순간이다. 이 순간 행복하고, 부처님께 감사하고, 나와 인연 맺은 사람들에게 감사하는 현재 이 순간은 내 인생에서 단 한 번만의 만남인 것이다. 물론 청성 후산의 정상 봉우리에 올라가 보지 못한 아쉬움은 있지만 그것은 어쩔 수 없는 일. 무상 대사가 두타행을 하였던 백운동이 있는 백운

— 청성산 내에 '대도무위'라고 쓰인 글귀

봉우리를 바라보며 무상 대사의 향기를 느끼고 있지 않은가!

청성산은 전산前山과 후산後山으로 나뉘어 있다. 현재는 이 산이 오로지 도교 성지로만 알려져 있지만 예전에는 전산은 도교 성지요, 후산은 불교 성지로 나뉘어 있었다. 당나라 말기부터 이 산에 조동종과 운문종 등 선종 사찰이 번성할 때만 해도 사찰이 많았는데, 어찌된 일인지 후대로 가면서 불교 사찰이 점차 사라졌다고 한다. 어쨌든 청성 후산의 사찰은 거의 사라졌지만, 옛날에는 사찰이 36좌나 되었고, 당시 무상 대사를 비롯한 수많은 고승이 배출되었던 명산이다.

내가 현재 서 있는 청성 후산에서 청성 전산으로 갈 수 있는 미니버스가 있었다. 불교 유적지를 찾아다니지만 이왕 내친 발걸음이니, 전산을 가기로 정했다. 미니버스로 20여 분만에 전산에 도착했다. 후산에 비해 전산은 인산인해를 이루었다.

청성 전산은 입구에서부터 도교적인 풍모가 풍겼다. 이 청성산에 중국 도교협회 본부가 있다. 기원 1세기 무렵, 도교의 창시자인 장도릉張道陵이 청성산에서 도를 얻은 이후부터 이 산은 도교 발상지로 중국의 대표적인 도교 성지이다. 중국인들에게 '도를 얻으려면 청성산으로 가라'는 속담이 있을 정도이며, 예전에는 청성산에 도교 사찰이 70여 좌가 있었는데, 현재는 38좌의 도교 사찰이 존재한다.

한국은 도교道敎가 종교적인 의미를 띠지 않지만, 도교는 중국에서 공인된 다섯 종교[9] 가운데 하나로서 중국에서 형성된 유일한 토착 종교이다. 중국인들에게 도교는 생활과 밀접하게 관련되어 있으며, 뿌리 박혀 있는 민속신앙이라고 해도 과언이 아니다. 도교 신자나 도사들이 불교에는 미치지 못하지만 도사와 신자가 상당히 많다.

그렇다면 도교는 어떻게 형성되었는가? 도교는 황제黃帝와 노자老子를 교조로 삼으며, 1세기 후한 시대 강소성江蘇省 풍현豊縣 출신인 장도릉이 세웠다. 장도릉은 초기에 오경五經을 공부하다가 만년에 장생도長生道를 배우고 금단법金丹法을 터득한 뒤 곡명산鵠鳴山에 들어가 신자를 모았다. 당시 장도릉 수하에 들어간 사람들은 모두 5두五斗의 쌀을 바쳤다고

---

[9] 공산당이 인정하는 5대 종교는 불교 · 이슬람교 · 기독교 · 천주교 · 도교이다. 이 5대 종교도 정부에서 승인받은 곳에서만 종교적인 의식을 할 수 있다. 이 이외 종교적인 행사는 중국 정부에서 크게 제재를 가하는데, 현재 탄압받고 있는 사람들은 길림성 출신의 리훙즈(李洪志)가 세운 파룬궁(法輪功)이다.

해서 오두미도五斗米道 또는 미적米賊이라고 하였다. 장도릉이 죽자, 그의 아들과 손자가 집단을 형성하며 발전시켜 나갔다.

장도릉과 자손들이 세운 초기의 도교는 종교로서의 의미가 없었다. 차츰 사람들에게 알려지기 시작하면서 도교의 체계적

— 청성산에서 만난 도교의 도사

인 교리와 합리적인 학설이 필요하였다. 이런 교리와 학설을 바탕으로 도교가 하나의 종교로서 이론체계를 갖추기 시작한 것은 3~4세기 무렵 위백양魏伯陽과 갈홍葛洪의 영향이다. 이후 구겸지寇謙之가 불교에 자극을 받아 종교 의례를 만들고, 도교를 천사도天師道로 개칭함으로써 종교적인 교리와 조직을 체계화시켰다.

도교에서는 수많은 신들이 존재하는데, 이 신들은 시대적인 요구에 의해 생겨났다가 시대 요구가 필요치 않으면 사라지는 신도 많이 있었다. 그러나 도교 신자들이 제사 지내는 신은 옥황상제이고, 도교의 교조 노자는 옥황상제의 화신化身이다. 그 밖에도 현천상제玄天上帝ㆍ문창제군文昌帝君ㆍ화합신和合神ㆍ재신財神ㆍ개격신開格神ㆍ동악대제東嶽大帝 등 수많은 신들이 존재한다. 이런 도교의 영향으로 불교 사찰에서도 삼국지의 관우를 재물신이나 호법신장으로 모시는 곳이 많다.

한편 도교 교리에 해당하는 경전을 도장道藏이라고 하는데, 그 내용

— 삼국지의 관우(왼쪽)는 사찰에서 신장이나 재신으로 모시기도 한다(절강성 보타산 법우사에서)

에는 부적·옥결玉訣·귀신상鬼神像·도사들의 계율·위의·귀신을 쫓는 술책·노자의 전기문·찬송·귀신에게 진상奏上하는 기원문 등으로 이루어져 있다. 또한 도교에서는 불로장생不老長生을 기원하는 등 도를 닦는 여러 방법이 있다.

이렇게 수련연마한 결과에 따라 하늘의 신선이 되고, 그 중간은 땅의 신선이 되며, 가장 하급인 사람은 혼백이 육체로부터 분리되어 시선尸仙이 된다. 한편 도교에서도 덕을 쌓고 좋은 일을 하며 계율을 지켜야 진선眞仙이 된다고 하는 도덕적 측면을 강조한다.

중국사에서 불교와 도교는 대립이 많았다. 황제가 도교를 신봉하면 불교 법난이 있었고, 불교를 신봉하면 여러 면으로 도교가 피해를 보았다. 불교계 피해가 가장 컸던 때는 당나라 무종武宗 때의 회창파불會昌破佛(845~847)이다. 이 파불은 삼무일종三武一宗 [10]가운데 가장 피해가 심했던 대규모적인 법난이었다. 이 폐불사건은 황제의 신임을 받았던 도사 조귀진이 도교신앙이 두터운 무종을 사주해 폐불을 단행했던 대대적인 법난이었다.[11]

한편 역사적으로 도교와 불교가 대립도 있었지만, 융합이나 화합을 도모하기도 하였다. 산서성山西省 대동大同의 현공사縣空寺 삼교전三敎殿에는 부처님을 중심으로 왼쪽에 도교의 노자, 오른 쪽에 공자님이 모셔져 있다. 이처럼 중국에는 유불도 합일을 상징하는 불교 사찰이나 도교사원이 몇 곳 있다.

또한 '호계삼소虎溪三笑'라는 고사가 있다. 강서성 여산에 살던 혜원慧遠(334~416) 스님은 도량 밖으로 나가는 일을 삼갔다. 어느 날 도교의 도사였던 육수정(406~477)과 유교의 도연명(365~427)이 혜원을 찾아와 즐거이 담소를 나누다가 혜원은 자신도 모르게 절 밖 호계교를 건너게 되

---

10 삼무(三武)는 북위(北魏)의 태무제(太武帝)·북주(北周)의 무제(武帝)·당나라 무종(武宗), 일종(一宗)은 후주(後周)의 세종(世宗) 때 일어났던 법난이다.

11 《구당서》에 의하면, 이 법난으로 인해 불교 피해는 파괴된 유명사찰이 4,600여 개소, 이름 없는 사찰이 4만여 개, 환속한 승려와 비구니는 26만 5백 명, 몰수된 전답은 수천만 경(頃), 사찰 소속의 노비도 15만 명을 빼앗겼다. 이 사건 이후, 다음 황제인 선종(宣宗)의 불교 부흥책에도 불구하고 이전으로의 회복이 거의 불가능했다고 하니, 피해가 얼마나 심했는가는 짐작할 수 있을 것이다.

—위
청성산의 대표적인 도교사원 건복궁

—아래
건복궁 도량 내부. 불교 사찰과 도량이 유사하다

었다. 혜원은 산문을 나가지 않기로 맹세한 지 30년만에 다리를 건너게 된 것이다. 이때 세 사람이 호탕하게 웃으면서 유래한 고사이다.

이외 당나라 때 도사 여동빈呂洞賓이 마조의 제자 귀종지상歸宗智常과 아미도인에게 법을 구했다는 이야기도 전한다. 중국사에서 도교와 불교는 대립도 많았지만 서로 왕래하며 융합하는 면이 있었다. 이는 불교가 모든 사상을 포용하는 차원에서도 생각해 볼 수 있고, 중국인들의 호방한 기질에서도 찾아볼 수 있다.

중국 지도상으로나 책에서는 '사묘寺廟'라는 이름으로 불교와 도교 사찰을 정확히 구별하지 않는다. 그러다 보니 이전 여행에서 불교 사찰인 줄 알고 찾아 갔는데, 도교 사원인 경우가 많았다. 이런 나의 무식함 때문에 여러 도교 사원에 갈 수 있었던 기회가 되었다.

청성 전산에서 입장권을 사고 들어간 초입이 건복궁建福宮이었다. 내부로 들어서니, 이전 도교 사원에서도 많이 느꼈지만, 불교 사찰인지 도교 사원인지 구별이 되지 않을 정도이다. 도량 구조는 말할 것도 없고, 자선전慈船殿 당우 내부에 천수천안의 관음보살상과 비슷한 상이 모셔져 있다. 중국 사찰에서는 관음보살이 배에 타고 있으면서 고달픈 중생들을 건네준다고 관음전을 자선전慈船殿이라고 하기 때문이다.

건복궁을 나와 산 정상으로 오르는 곳곳마다 불교의 포대화상이 여러 곳에 모셔져 있다. 포대화상이 재물과 복을 주는 상징적인 이미지요, 도교도 녹祿(재물)·장수·복을 비는 의미가 강하다. 이렇게 중국의 불교

—01
도교의 12금선 가운데 자선진인.
관음보살과 유사하다

—02
자선전. 도교의 12금선 가운데
자선진인. 관음보살과 유사하다

—03
도교성지인 청성산 내 곳곳에 포대화
상이 모셔져 있다

—04
도교성지인 청성산 내 곳곳에 포대화
상이 모셔져 있다

—05
도교사원 내에 새겨져 있는 재물,
장수, 복

—06
스님이 노자에게 절하고 있는 모습

와 도교는 여러 가지로 비슷한 면이 있다.

한 시간 정도 산 정상을 향해 걷는데, 곳곳마다 정자와 도로를 자연과 융합시켜 어색하지 않게 꾸며놓았다. 중국인들은 정원 꾸미는 기술에 뛰어난 편이다. 산 중턱에서 케이블카를 타고 정상까지 올라가 몇 곳 도교 사찰을 다녔다. 이런 동안 스님들도 몇 분 만났는데, 이 스님들은 도교 사찰 어느 곳에서나 부처님께 절하듯이 절을 했다. 한 스님께 물었더니, 자신들에게 있어 노자나 여러 신들은 중국의 스승이기 때문이라고 한다. 사원에 있는 도사들은 왠지 모르게 도 닦는 도인이 아닌 세속의 찌든 모습으로 보였다.

도교의 도사들은 옥황상제가 있는 대전大殿에 앉아 부적을 팔고 사주도 봐주며, 어떤 도사는 수많은 신자와 관광객이 보는 앞에서 멋진 폼을 잡고 담배도 피운다.

한편 몇몇 불교 사찰에서는 승려가 담배 피우는 것만 삼가할 뿐 법당에서 사주 봐주고, 부적도 팔며, 점괘도 봐주고, 참배하는 동안 종을

청성산 내에 있는 정자.
중국인들은 이런 정자도
자연과 어우러지게 만든다

쳐주고 축원비를 내라고 으름장을 놓는 곳도 있다.

특히 관광사찰인 경우, 도교나 불교가 의식적인 면에서는 다를 바가 없다. 그래서 불심이 돈독한 불자가 아닌 일반 중국인들은 도교 사찰이든 불교 사찰이든 인연 닿는 사찰에 찾아가 향 하나를 피우고, 재물이 굴러들어 오고 수명이 연장되기를 손발이 닳도록 비는 일이 다반사다.

청성 전산 정상에 위치한 노군각老君閣(노군; 노자)까지 참배하고, 다시 내려가는 것이 이곳 코스이다. 저녁 어스름한 무렵, 산을 내려오면서 하루를 생각해 보니 도교를 통해 중국인들의 또 다른 면을 보았다. 직접 다니면서 보는 중국은 또 다른 이면이 숨겨져 있다. 이래서 여행이 좋은가보다.

무상, 소지공양으로
강한 구법의지를 드러내다

— 자중현資中縣 덕순사(현 영국사)

백척 장대 끝에서 한 걸음 더 나아가라
— 《무문관》

아득한 과거세에 부처님께서 설산에서 설산동자로 수행하고 있을 때의 일이다. 도리천忉利天의 제석천인帝釋天人이 나찰로 변신하여 동자의 구도정신을 실험하기로 했다. 나찰은 설산으로 내려가 고행하고 있던 동자 옆에서 이런 게송을 읊었다.

"모든 것이 무상한데, 이는 생멸의 법이다[諸行無常 是生滅法]."

동자는 그 소리를 듣고 목마른 사람이 물을 만난 듯, 원수에 쫓기다가 벗어난 듯, 오랜 가뭄에 비를 만난 듯 기뻤다. 동자는 이렇게 좋은 구절을 누가 말하는가 싶어 둘러보니, 험상궂게 생긴 나찰이 서 있었다. 동자가 나찰에게 말했다.

"당신이 말씀하신 구절은 너무 좋은 진리입니다. 제게 다음 구절을 알려 주십시오."

나찰이 말했다.

"나는 배가 너무 고파 말할 수 없소."

"그대가 내게 다음 구절을 알려 주면, 내 육신을 보시하겠습니다."

"그대가 몇 구절의 법을 구하고자 육신을 버린다고 하는데, 그걸 누가 믿겠소."

"제석천인과 불보살이 증명할 것입니다."

"그렇다면 알려 주겠소."

"생멸이 멸해 마치면, 바로 열반의 즐거움이다[生滅滅已 寂滅爲樂]."

동자는 이 게송을 들은 뒤, 돌·나무·바위에 새겨 놓고 높은 언덕 위로 올라가 몸을 던지려는 순간에 나찰이 제석천인으로 변해 동자의 몸을 받으면서 말했다.

"장하십니다. 동자시여, 동자가 법을 구하고자 하는 일념이 어떤지를 실험하려고 했습니다. 그대는 참된 보살이며 앞으로 무량한 중생을 구제할 것입니다."

위 내용은 《열반경》〈성행품〉에 전하는 이야기다. 이와 유사한 이야기로 《법화경》〈약왕보살본사품〉에도 나온다. 즉 '부처님께 어떤 공양을 할지라도 육신으로 공양함만 같지 못하다'고 하는 보살의 소신공양燒身供養 이야기다.

법을 구하기 위해 몸을 돌보지 않는 투철한 구법정신인 위법망구爲法

亡軀의 본보기이다. 몸을 함부로 훼하는 것이 아니라, 가장 소중한 자신의 육신까지도 버릴 수 있을 만큼 진리를 구하는 마음이 간절함을 뜻한다.

무상 대사도 스승에게서 법을 받기 이전, 이런 구도정신이 있었다. 무상 대사가 현종을 알현하고 선정사에 머물다 사천성으로 들어가 법을 구하고자 찾아간 선사가 자주資州의 덕순사 당화상唐和尚[12]이라고 불리는 처적處寂 선사이다. 덕순사는 처적의 스승인 지선智詵 스님이 법을 펼쳤던 도량이다.[13]

무상이 덕순사(현 영국사)로 찾아가 처적 선사 뵙기를 간곡히 청했으나 처적은 병을 핑계로 무상을 만나 주지 않았다. 무상은 며칠 동안 제자로 받아들여 줄 것을 스승에게 간청했으나 번번이 거절당했다.

이에 무상은 자신의 구법의지를 보여주기로 하고, 손가락을 태우는 소지공양燒指供養을 감행하였다. 소지공양은 말 그대로 손을 불에 태워 살점이 녹아떨어지게 하는 것이다. 이것을 감내해야 하는 일인데, 범부 중생에게는 쉬운 일이 아니다. 당화상은 이런 무상의 구법의지를 보고 그의 굳은 심지에 감동을 받아 덕순사에 머물도록 하였다.

무상은 2년간 덕순사에 머물며 처적 선사의 가르침을 받았다. 무상은 가르침을 받는 와중에 더욱 정진하기 위해 천곡산天谷山(靑城山)으로 들

---

12 처적 선사는 성(姓)이 당씨(唐氏)이다. 마조도 성이 '마(馬)'씨인데, 성에 '조(祖)'를 붙여 마조라고 칭하며, 무상도 '김화상'이라고도 하는데, 김씨 성에다 화상을 붙인 것이다.
13 덕순사에 관해 조사를 해 보니, 중국 사전이나 일본 사전에서도 덕순사를 지선이 상주했던 대표적인 도량으로 언급하고 있다.

— 위
  덕순사(현 영국사) 전경
— 아래
  덕순사(현 영국사) 도량 전경

어가 두타행을 하다가 다시 덕순사로 돌아와 처적 선사로부터 가사와 법을 받고 '무상無相'이라는 호를 받았다. 이에 신라 무상 대사가 스승의 가르침을 받고 법을 받은 곳이 자주 덕순사(현 영국사)라는 곳이다.

한편 무상에게 법을 준 처적 선사에게 또 다른 제자가 있다. 그 제자가 바로 마조馬祖인데, 마조를 삭발시킨 스승이 처적 선사이다. 곧 덕순사는 무상이 처적에게 법을 받은 도량이요, 마조가 삭발한 도량이다.

무상 대사를 연구한 중국인 철파락鐵波樂 씨에 의하면, "무상이 중국에 머문 기간은 34년간인데, 성도(정중사·대자사가 위치한 곳)에서 20년을 머물렀고 14년을 자주에서 머물렀다."고 한다. 무상이 스승에게 가르침을 받고 법을 전수받으며 머물렀던 자주資州(덕순사가 위치한 곳) 지방은 무상의 행적지 중 중요한 곳이라고 볼 수 있다.

무상 대사의 스승인 처적(665~732) 선사에 관해서는 어록마다 조금씩 다르지만, 오조홍인五祖弘忍(601~674)의 제자인 지선智詵의 제자로 보는 것이 일반적이다. 법맥을 정리해 보면, 사조도신-오조홍인-자주지선-처적-무상-무주 선사라고 할 수 있다(본문 51쪽 참고).

청성산과 가까운 도강언都江堰 버스 터미널에서 무상이 처적에게 법을 받은 덕순사를 찾아가기 위해 행선지를 살펴보았다. 다행히 도강언에서 자중현資中縣까지는 하루 두 번 운행되는 시골 버스가 있었다. 그런데 문제는 자중현에 내려야 할지, 자양시資陽市로 가야 할지가 문제이다. 어록에 언급된 옛 지명으로 하면 자주資州라고 하지만, 현재 지명과는 많

133

— 덕순사 도량 내 대웅전

이 다르기 때문이다.

예전에 광동성廣東省 소관韶關 육조혜능 사찰인 남화사에서 그 지역 지도를 꼼꼼히 살펴보다가 남화사에서 하루 거리에 단하산丹霞山이 있었다. 마조와 석두의 제자인 당나라 때의 단하천연(739~824)이 머물렀을 것으로 단정하고 무조건 출발했다. 대체로 중국 승려 이름은 선사가 머물던 산山 지명을 쓰기 때문이다. 계획에 없었지만, 그 유명한 당나라 때 천연 선사의 도량을 찾아간다고 기대에 잔뜩 부풀어 고생고생 찾아갔더니, 천연 선사가 머물던 도량이 아니었다. 이때 받은 충격과 실망은 이만저만이 아니었다. 이후 이런 일을 몇 번이나 거듭했으니, 참으로 나도 어리석은 편이다.

그래도 앉아서 답을 구할 수는 없다. 실패할지언정 시도해 보기로 하였다. 그것이 실패요, 실수일지언정 그 실수로 인해 값진 교훈을 얻기 때문이다. 내 주위 사람들은 나에 대한 평가가 상반되는 점이 있다. 완벽주의 성격 때문에 무모하게 행동하지 않을 거라는.

그러나 나는 대략 계획을 세웠다면 일단 일부터 벌인다. 그런 다음, 다음 해결책을 찾는 것이 내 삶에 대한 관점이다. 어쩌면 이런 무모함이 있기 때문에 혼자 여행하는지도 모른다. 어차피 인생은 모험이다. 늘 실수투성이의 인생이기 때문에 사람은 살아간다고 생각된다. 이런 점은 여행을 통해서 배웠는데, 무엇을 하든 어디를 가든 후회는 따르기 마련이다. 그러니 무엇을 두려워 할 것인가.

가끔 이런 질문을 받는다.

"어떻게 혼자 다닐 수 있느냐?"

"중국 사람이 나쁘다고 들었는데…."

그런데 첫째는 혼자 다녔기 때문에 오랜 시간을 여행할 수 있었고, 처음부터 철저한 계획이 있었다면 장시간 여행은 못했을 거라고. 중국에 나쁜 사람도 있지만 좋은 사람도 많은 법이다. 사람 사는 세상은 어디나 다 똑 같은 것이라고.

무상, 스승으로부터 법을 받은 곳
—자중현資中縣 덕순사(현 영국사)

눈이 내린 뒤에야 비로소 소나무와 잣나무의 지조를 알 수 있다.
일이 어려워야 사람의 마음을 알 수 있다.
— 《허당록》

도강언都江堰에서 버스를 타고 자중현에 내리니, 덕순사가 지척거리라고 한다. 맞게 찾아온 셈이다. 택시를 타고 덕순사 도량 앞에 내리니, 택시 기사가 20원(한화 3,400원)을 달라고 한다.

"10여 분도 오지 않았는데, 무슨 20원이냐?"

한참을 실랑이를 벌이고 끝까지 우겨, 결국 10원을 냈다. 나중에 사찰에 들어가서 물어보니, 원래 20원이라고 한다. 그 말을 듣는 순간, 그 씁쓰레함을 잊을 수가 없다. 아무래도 그 기사가 내가 승려임을 감안해 더 이상 다투지 않았던 것 같다. 아니면 워낙이 무식하게 나오니, 상대해 봐야 골치 아플 것 같아 포기했던 것이리라.

아무튼 무식한 게 용감하다고, 자국인보다 요금을 더 적게 냈으니 보통 민망한 일이 아니다. 오랜 중국 여행에서 제일 힘들었던 점은 택시 기사의 부당한 요금이었는데, 그들과 참 많이 싸웠다. 여행 중 제일 힘든 점을 꼽으라고 하면, 택시 요금이다. 이런 거리는 별 문제 없지만, 장거리인 경우는 상상할 수 없는 거액을 요구한다.

중국 여행에서 얻은 스스로의 별명이 있다면 나는 싸움닭에 가깝다. 지나친 과민반응을 보였는데, 그 택시 기사를 만날 기약은 없을 것 같고 그 차액과 참회하는 요금까지 합해 불전함에 보시금으로 넣었다.

덕순사는 자중현 중용진重龍鎭에 위치하며 현재 영국사寧國寺라고 불린다. 옛날에는 이 지역에 사찰이 많았는데, 문화혁명 때 파괴되고 영국사만 유일한 사찰이라고 한다. 이곳도 사지寺址로만 있다가 몇 년 전부터 불사를 하여 내가 찾아갔을 때는 불사가 끝나고 어엿한 사찰로서 손색이 없었다.

산문으로부터 시작해 도량 중심에는 대웅보전 → 보리도량菩提道場 → 관음전 → 옥불전으로 배치되어 있다. 옥불전은 승려들의 요사채와 사무실을 겸하는 곳으로 보인다. 옥불전에 노스님(방장)이 주무신다며 기다리라고 하는데, 기약할 수 없어 고개만 끄떡였다.

중국인들은 정오 12시~2시까지 낮잠을 자는데, 무슨 일이 있어도 일어나지 않으리라는 것을 알고 있다. 관공서까지도 12시~ 2시까지는 휴식시간이다. 그래서 중국은 오전 출근, 오후 출근이라는 말이 있을 정도인데, 점심 때 집에 가서 늘어지게 자고 다시 출근한다는 뜻이다.

승려들은 낮 시간에 커튼까지 치고 단체로 낮잠을 자는 경우도 있

—위
덕순사(현 영국사) 보리도량

—아래
덕순사 보리도량 내부.
왼쪽부터 지선, 처적, 무상

―보리도량 당우 내부. 왼쪽 벽에 무상 대사가 고행하고, 스승에게 소지하는 등 행적이 그려져 있다

— 보리도량 당우 내부. 오른쪽 벽화에 무상 대사가 황제로부터 가사를 공양 받는 모습, 사천성에서 법을 펼치는 모습 등 행적이 그려져 있다

다. 중국문화에 대해 잘 알지 못할 때, 남경 융창사에서 스님들이 모두 자는 모습을 보고 실망한 적이 있었다. 먼 훗날 낮잠 자는 습성은 중국 승려의 계율 기강이 해이해진 것이 아니라 중국의 문화라는 것을 알고, 그냥 문화적인 차원에서 이해하게 되었다.

보리도량 당우 안에는 처적 선사를 중심으로 왼쪽에 지선 스님, 오른쪽에 무상 대사의 좌상이 모셔져 있다. 당우 양쪽 벽에는 무상의 행적이 담긴 벽화가 그려져 있다. 그림 속에는 무상이 당나라에 입국한 장면, 처적에게 법을 구하고자 소지공양하는 장면, 천곡산에서의 두타행, 사람들을 교화하는 장면 등 여러 모습이 담겨 있는데 카메라에 담기지 않을 정도이다. 여러 번의 시도 끝에 겨우 사진 두어 장을 찍을 수 있었다.

그런데 뒤편 관음전에서 염불 소리가 들렸다. 스님이 하는 염불인 줄 알고 그곳으로 옮겨 가니, 관음전을 관리하는 거사님이 염불하고 있었다. 거사님은 나를 보자마자, 벌떡 일어나 합장하며 인사하였다. 거사님은 내가 한국 승려인 줄 알고, "무상은 신라 승려로서 셋째 왕자였다."라고 연신 강조하면서 매우 훌륭한 스님이라며 엄지손가락까지 들어보였다. 솔직히 이럴 때는 기분이 좋아 관음전 불전함에 거액을 보시하였다. 나도 실은 속물에 가깝다.

세상의 중심에 산다고 자처하는 중화주의 나라 사람들이 내 조국의 스승을 존경한다니, 이보다 더 좋은 일이 어디 있을 것인가. 당시 중국 사람들이 변방의 오랑캐족 승려라고 얼마나 괄시했을 터인데, 그런 곤혹스러움을 이겨내고 정진하여 이들에게 오히려 존경을 받고 있으니 고

개가 절로 숙여진다. 당시 타지에서 느낀 무상의 외로움과 고독감이 내 가슴에 스며온다.

영국사 작은 도량을 다니는 동안 나를 따라다니며 가방을 들어주고, 내 시중을 들던 영국사 지객 담당 보살이 산문 밖으로 나가려고 하니, '차 한 잔 마시고 가라'며 작은 사무실로 안내한다. 차마 성의를 거절할 수 없어 들어갔다. 35도를 웃도는 날씨인데, 찻잔에 펄펄 끓는 물을 따라 주며 마시라고 한다. 따라 주는 대로 몇 잔 연거푸 차를 마셨다(빈 잔에 찻물을 계속 따라 주는 것은 중국인의 손님에 대한 예의이다).

버스 타는 정류장까지 보살님은 가방을 들어주며, 차비 1원(한화 170원)을 손에 쥐어주고 사찰로 돌아갔다. 언제 올지 모르는 버스이니 아예 앉아서 기다리는 것이 상책이다. 무상 대사의 인성염불引聲念佛과 염불시수念佛是誰 공안, 현 내 마음과 함께 어울려 보았다. 솔직히 10여 분 전에 뜨거운 차를 마셔 옷은 젖어 있었지만 몸은 한결 가벼웠다.

뙤약볕에 한참을 앉아 기다리고 있는데, 멀리서 비구니 스님 두 분이 걸어오고 있었다. 사천성에 머무는 동안 사찰 도량이 아니면 비구니 스님들을 만나지 못했다. 그런데 오랜만에 스님들을 만났다.

그들의 승복 차림새를 보니, 꽤나 더운 날씨인데도 계절을 잊게 할 정도로 두툼한 옷감에다 썩 깨끗한 차림이 아니었다. 몇 년 전 여행에서도 중국 스님들이 입는 승복을 알고 있던 터라 새삼스러울 것은 없지만 괜히 내 자신이 부끄러웠다.

티베트와 미얀마 승려들이 입고 있는 가사나 승복은 한국 승려에 비

— 위
미얀마 승려들의 탁발행렬

— 가운데
티베트 승려들(라싸의 한 사찰 법당이다. 추운 겨울 한 승려가 신발까지 벗고 스승에게 예를 올리고 있는 모습이다)

— 아래
중국 스님들의 승복차림

하면 두타행을 하는 모습이다. 국가 경제가 부유한 탓이라고 하면서 승려가 비단옷을 걸치고 고급 신발을 신는지는 모르겠지만, 한국 승려들의 사치스러움은 부정할 수 없다. 솔직히 중국 승려들이 입는 옷은 한국 승복의 10분의 1도 안 되는 가격이며, 미얀마 승려들의 가사는 만 원대만 주어도 고급 가사에 속한다. 게다가 중국 비구니 스님이 입는 승복은 비구 스님에 비해 재질면으로나 경제적으로 형편이 매우 좋지 않다.

중국 스님들은 계율 면에서 엄격한 편이다. 중국 여행 내내 비단이나 모시옷을 입은 승려를 본 적이 없었고, 신발도 천으로 된 것이 아니면 신지 않았다. 음식점에서도 승려가 공양하는 모습을 거의 본 적이 없었다. 일전에 무술로 유명한 소림사 방장이 고급 승용차에 비단 가사를 수한다고 하여 해외토픽으로 기사화되었다. 해외토픽 이전에 중국 내에서 문제 삼았다는 뜻인데, 중국인들은 승려의 고급화와 사치에 곱지 않은 시선을 보낸다.

　예전에 중국 국내 여행을 할 때는 장거리는 중국 비행기를 많이 이용했다. 중국 국내도 보통 세 시간 이상 소요되는 곳이 많기 때문에 기내 식사가 제공된다. 처음 비행기를 탔을 때인데, 스튜어디스들이 내게는 음식을 주지 않고 그냥 지나쳤다. 처음에는 말도 안 되는 소리를 해가며 "왜 내게 식사를 주지 않느냐?"고 항의했더니, '기다리라'는 것이다. 잠시 후, 승복 차림인 내게 채식으로 된 음식을 별도로 준비해 가져다 주었다.

　또 중국에 간 지 한 달쯤 지나 한국 학생들과 여럿이서 음식점에 들어갔다. 음식을 주문하는 것이 아니라 일률적으로 음식이 나오는 곳이었다. 잠시 후 한 직원이 와서 인솔자에게 "내 음식을 따로 준비해야 하는데, 야채 재료가 없으니 어떻게 할까?"라는 걱정을 했다고 한다.

　이런 일을 몇 번 겪었다. 어쨌든 중국인들에게 '승려는 채식을 한다'는 관념을 가지고 있다. 그래서 도반들이 중국 여행 간다고 하면, 식당이나 비행기 내에서 '음식 먹는 조심을 해야 한다'는 말을 꼭 일러준다.

　동국대에도 중국 유학생들이 몇 백여 명이나 된다. 내 수업을 수강한 중국 학생들 중 몇 명은 내게 가끔 묻는다. "학교 식당에서 한국 스님들은 먹어서는 안 되는 음식을 먹는 것 같은데, 그래도 되느냐?"는 질문이다. 또 "스님들이 자가용을 가지고 있는데, 왜 한국 스님들은 두타행을 하지 않느냐?"는 비슷한 질문이다. 이런 학생들의 눈때문에 학교에서는 여러모로 조심할 때가 많다.

여러 면에서 한번쯤 한국불교계 승려들은 재고해 볼 문제이다. 물론 아직까지는 중국이 사회주의를 오랫동안 고수해 왔던 터라 중국의 승가가 한국 승가만큼은 완비되지 않은 것은 사실이다. 1953년 중국불교협회 회의에서 계율을 파기하자는 승려도 있었고, 승려의 결혼도 허가해야 한다는 의견이 나오기도 하였다.

현재도 중국 사찰 내에서 승려가 버젓이 마작이나 노름을 하는 경우도 많이 목격했고, 수계증을 보여주며 사주를 봐 주겠다는 승려답지 않은 승려도 더러 있었다. 반면 한국에는 올곧게 수행하는 청정한 승려가 매우 많다.

중국과 한국 승가를 비교 평가하는 것은 절대 아니다. 이렇게 언급하는 것 또한 편견이요, 좁은 소견임을 밝혀둔다. 하지만 현 한국 승가의 계율이나 교육, 재정 문제 등 여러 면에 있어 청정淸淨이라는 이름아래 정돈이 꼭 필요하다고 본다.

무상 대사가 활동했던 사찰을 순례하면서 한국을 떠나와 지내다 보니 승려로서의 내 면모, 내가 몸담고 있는 한국의 승가를 더듬어 보게 된다. 사람은 자기가 살던 둥지를 떠나봐야 자신이 어떤 존재인지, 자신의 터전을 객관적으로 보는가 보다.

길에서 만난 비구니 스님들은 아미산에 있는 승가대학(보현도량 아미산에는 비구니 강원으로는 복호사伏虎寺, 비구 강원으로는 중봉사中峰寺가 있다. 정규과정 교육기간은 3년으로 '사천성 불학원'으로 명칭한다)에서 공부하고 있는데, 영국사에 머물고 있는 노스님을 친견하러 간다는 것이다.

 스님들과 헤어지면서 손을 흔들며 뒤돌아 보니, 멀리 영국사 도량이 아련히 보인다. 나온 지 채 30여 분도 안 되었는데, 무언지 모를 그리움이 내 가슴에서 솟구친다. 아마도 맑고 청아한 날씨에 고향에 대한 그리움과 다시 못 올 도량이라는 막연한 아쉬움 때문인 것 같다.

 내가 타야 할 시골 버스가 멀리서 먼지를 일으키며 오고 있다. 버스에 올라타 창밖을 바라본다. 지금 현재의 나는 인생에서 '단 한 번뿐인 무상 대사 행적지와의 인연, 단 한 번뿐인 현재 이 순간과 나와의 만남에서 얼마나 소중히 여기고 있는지?'를 내게 되물어본다.

마조가 태어나고 출가·삭발하였으며, 5~6년 동안 행적이 사천성이다. 마조의 행적이 마침 무상 대사가 사천성에서 수행한 시기와 장소가 맞물린다. 시간적·지리적인 관점에서 볼 때, 두 분이 조우했을 가능성이 매우 크다. 무상과 마조의 나이는 무려 二十五세 차이가 난다. 무상의 법력이 세상에 알려졌을 때 바로 五十세라고 계산해도 마조는 대략 二十五세였다. 마조가 사천성의 여러 지역에서 수행하던 중 처적선사가 입적하자, 마조가 무상을 스승으로 섬겼을 가능성을 배제할 수 없다.

4장 무상과 마조의 법연

추우면 얼려 죽이고, 더우면 쪄서 죽여라
—차를 마시며 쉬어가다

첫잔은 달고, 두 번째 잔은 쓰며, 세 번째 잔은 시다.
차맛은 인생의 행로와 같다.
— 어느 선승

사천성은 차茶의 명산지요, 차의 고향으로 유명하다. 명산현의 몽정감로차, 아안 지방의 아미모봉차, 아미산의 죽엽청竹葉靑은 사천성의 대표적인 차이다. 이전 여행할 때도 시간 여유가 되면 꼭 찻집에 들러 차 한 잔을 마시곤 했다. 온종일 쏘다니다 마시는 차 한 잔은 나그네에게 있어 피로를 씻어주고, 외로움을 녹여준다. 무엇보다도 다음 일정을 기획하는 이정표 역할을 하기도 한다.

다른 지역에서는 사찰 도량 내에 찻집이 있는 경우는 드물었다. 이번 사천성의 몇 사찰들을 순례하면서 느꼈지만, 사찰마다 노천 찻집이 없는 곳이 없었다. 게다가 수십 석의 테이블에 빈자리가 없을 정도이다. 적어도 35도 이상을 훨씬 넘는 그 더운 날씨에도 사천성 사람들은 뜨거운 차를 마시며 대담을 나누고 마작을 하였다.

이런 점으로 볼 때, 중국인들에게 사찰은 일종의 휴식 공간이요, 사람들과의 인연이 이루어지는 만남의 광장 역할을 하고 있다. 매우 고무적인 일이라고 생각한다. 미얀마 사찰도 이와 비슷하다. 가족들이 도시락까지 싸가지고 와서 하루 종일 도량 나무 밑에서 지내고, 연인들의 데이트 코스로 이용되기도 하며, 어떤 이는 마치 안방처럼 법당 안에서 늘어지게 낮잠도 잔다. 특히 미얀마 사람들에게 사찰은 삶의 쉼터이자, 문화 공간이다.

— 사천성 찻집에서 차 따르는 모습을 시현하고 있다

한국의 사찰도 경건하고 오로지 기도하는 공간으로만 활용되는 것이 아닌 여가 선용, 문화 활동, 휴식을 위한 쉼터 등으로 탈바꿈되어야 한다고 생각한다. 또 굳이 불교신자만이 드나드는 곳이 아닌 어느 누구나 편안히 쉬어 갈 수 있는 곳이면 좋을 듯하다.

일반적으로 차는 중국의 남방 지역에서 특히 발달했다고 알려져 있고 서남 지역인 사천성이 차의 고향이라는 말은 들었지만, 사천 사람들의 차 마시는 모습을 보고 놀라지 않을 수 없다. 사천 사람들의 차 생활화는 그냥 밥 먹는 것과 똑같이 일상적이기 때문이다. 이런 데서 유래되어 다반사茶飯事라는 말은 일상의 일이라는 의미로 쓰이고 있다.(원래 다반사는, 수행은 밥 먹고 차 마시는 것처럼 일상생활 속

사찰도량 내에 있는 찻집에서 중국인들은 차를 마시며 대담을 나누거나 마작을 한다(대자사 찻집에서)

사천성의 유명한 죽엽청

사천성 성도시내에 있는 찻집

에 쉬운 일이라는 뜻에서 유래된 것).

당나라 때 동산양개(807~869) 화상은 어느 제자가 "매우 춥거나 너무 더우면, 어떻게 피해야 합니까?"라는 질문에 이런 대답을 하였다.
"추위와 더위가 없는 곳으로 가면 되지 않겠느냐!"
"추위와 더위가 없는 곳이 어디입니까?"
"추우면 얼려 죽이고, 더우면 쪄서 죽이는 곳이다."

이와 유사한 시가 있다. 6세기 중국 시인 두순학杜荀鶴이 쓴 〈여름날 오공 선사의 도량에 부쳐〉라는 시이다.

> 삼복더위에 문 닫아 걸고 선사는 두툼한 가사를 수하고 계시네
> 방안에 그늘 드리울 소나무, 대나무 한 그루 없고
> 조용한 산속이나 물가가 아니라도
> 스님께서 좌선하는 데는 상관이 없네
> 마음을 소멸시키면 불속에서도 서늘하나니.

> 三伏閉門被一衲 兼無松竹蔭房廊
> 安禪不必須山水 滅得心頭火自凉

추위나 더위를 피한다고 될 일이 아니다. 고난도 피한다고 해결되는

것이 아니라 맞서서 고난을 끌어안아야 해결할 수 있듯이, 추울 때는 추운 것에 더울 때는 그 더위에 동화되어 함께하는 일이다. 말 그대로 '이열치열以熱治熱 이한치한以寒治寒'인 것이리라.

나는 이곳 사람들과 똑같이 35도 이상 되는 그 더운 날씨에 100도 이상 끓인 물로 차를 우려 마셨다. 즉 그 더위에 더운 물과 내가 완전히 동화되어 보는 일이다.

아마 이 글을 읽는 한국 사람들은 "그 더운 날에 뜨거운 차를 마신다고?…" 하며, 나를 약간 모자란 사람으로 볼지 모른다. 연거푸 뜨거운 차를 마시는데, 몇 잔까지는 몸에서 열이 난다. 1리터 이상 차를 마셨는데, 몇 잔 정도 마시자 몸의 열기가 사라지고 몸 전체가 시원하며 가벼웠다. 이런 경험을 하고 나니, 왜 중국인들이 그 더운 날씨에 뜨거운 차를 마시는지 알게 되었다. 나는 차를 마신 지 20여 년이 넘었지만 차를 통해서 참 많은 것을 배웠다.

무상 대사와 무주 스님의 선을 부각시킨 《역대법보기》에 "천곡산에 머물던 무주가 동선董璿이라는 재가자를 통해서 정중사에 머물고 있던 무상에게 차아茶芽를 공양올리니, 무상 대사가 그 차를 받고 매우 기뻐하였다."는 기록이 전한다.

또 사천성에서 생산되는 유명한 차 가운데 고정차苦丁茶가 있다. 무상 대사가 천곡산(현 청성산) 기슭에서 두타행을 하며 선정을 닦을 때, '암차 열매를 달여 차를 마셨다'는 기록이 전하는데, 바로 그 차가 고정차이다. 고정차는 청나라 황실의 여인네들이 즐겨 마신 차로도 알려져 있는데, 평소에 나는 이 차를 즐겨 마신다. 중국 차문화에서는 고정차를 차의 효과도 있지만 약의 효능도 있다고 기록하고 있다. 고정차를 자칫 잘못 우려내면 마실 수 없을 정도로 쓰지만, 정성들여 알맞은 온도에 우려내면 제호醍醐 맛에 비교될 만큼 묘한 단맛이 나온다.

이 고정차를 마실 때마다 인간의 이중성과 가능성을 생각한다. 같은 원료의 차이지만, 쓴맛과 단맛을 동시에 품고 있기 때문이다. 불교는 성선설도 성악설도 아니다. 인간이 부처될 가능성과 악인이 될 가능성을 모두 내포하는 사상이다. 쓴맛과 단맛을 동시에 지니고 있는 차를 어떻게 우려내었느냐에 따라 달라지듯이 인간도 어떻게 자신의 마음을 닦느냐에 따라 부처도 될 수 있지만, 그릇되게

— 고정차 잎

마음을 쓰면 천하의 악인도 될 수 있는 법이다. 그래서 불교는 신을 믿는 것이 아닌, 자신의 노력[自力]으로 연마해가는 수행의 종교인 것이다.

나는 지금 이 순례 길에서 무엇을 찾고자 이 먼 타향 땅에 머물러 있는지, 시간만 낭비하는 것은 아닌지 그 진정성을 찾기 위해 잠시 쉼이 필요했다.

인디언들은 말을 타고 가다가 이따금 말에서 내려 자기가 달려온 쪽

을 한참 동안 바라보고 다시 말을 타고 달린다고 한다. 이는 자신이 너무 빨리 달려서 자기의 영혼이 뒤따라오지 못했을까봐, 영혼이 올 때까지 잠시 기다린다는 뜻이다.

여행이 장기화되면, 어느 시기쯤에 한 곳에 앉아 하염없이 차를 마시곤 한다. 마음이 나의 욕망에 발맞춰 따라오는지, 내 마음과 진정한 내가 합일을 이루고 있는지, 생각과 마음이 나래를 펴도록 놔둔다. 그냥 얼마간의 시간이 지나면 저절로 정리가 된다. 이러다 보면 자연스럽게 정리가 되고, 다음 일정을 위한 원동력이 되기 때문에 휴식이 필요하다.

오랜 시간, 차를 마시며 쉬었으니 이제는 움직여야겠다. 무상 대사가 두타행을 하였던 곳을 향하여…….

— 필자의 니련선하원 차방. 차는 인생을 쉬어가게 해주는 기쁨이요, 휴식이라는 도반이다. 필자는 평소에 중국 철관음과 보이차를 즐겨마신다

무상의 선사상이 티베트에 최초로 전해지다
― 성도成都 가는 길녘에서

큰 소리에 놀라지 않는 사자와 같이
그물에 걸리지 않는 바람같이
물에 젖지 않는 연꽃같이
저 광야에 외로이 걷는 무소의 뿔처럼 홀로 가라.
― 《숫타니파타》

이전 중국 여행에서는 심각하게 겪지 않았는데, 이번에는 성가신 일이 하나 있다. 바로 숙소 구하는 문제이다. 사천성이 티베트와 인접 지역이라서 그런지 숙소에 들어가면 직원이 한번 훑어보더니, 여권을 보자고 한다. 여권에 승려 사진을 보면 숙소 직원이 단번에 퇴짜를 놓는다. 아무튼 사천성 여행에서는 한 번 만에 숙소를 구한 적이 없고, 두세 번을 옮겨 다닌 후에야 겨우 숙소를 구할 수 있었다. 올림픽을 전후로 티베트 사람들에 대한 감시가 삼엄함을 느낄 수 있었다.

어쨌든 이 사천성은 중국 내륙지방에 비해 이국적으로 보인다. 사찰 당우도 티베트 양식과 중국 양식이 곁들여져 있으며, 승려들의 사리탑도 티베트 양식인 백탑白塔으로 조성되어 있다. 이 사천성에서는 혼합된 불교의식도 목격하게 되었다. 티베트식으로 기도하는 분들을 간간이 보았으며, 마정수기는 티베트 라마들이 신도들에게 해주는 것으로 알고 있는데, 노스님께서 신도들에게 마정수기를 하며 염불해 주는 것을 목격하기도 하였다. 한편 다른 지역에서는 볼 수 없었는데, 티베트 가사나 미얀마 가사를 수한 각 민족의 승려들도 볼 수 있었다.

티베트에 처음으로 불교가 전래된 때는 33대 송첸감포왕(581~649) 때이다. 이 왕이 티베트를 통일하고 중앙아시아에서 패권을 장악한 뒤, 당나라 문성공주(?~680)를 부인으로 받아들였다. 641년 문성공주는 시집갈 때 석가모니상과 경서, 경전 360권 등을 가지고 감으로써 불교가 티베트에 전래되었다. 문성공주가 모시고 간 석가모니상은 라싸 조캉사원(大昭寺)에 모셔져 있다.

이후 송첸감포왕은 북인도로 사람을 파견하여 경전과 문명을 받아들인 뒤, 인

—01
성도 애도원 비구니 스님의 티베트식 기도 모습

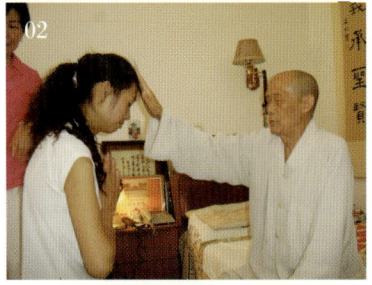

—02
성도 소각사의 노스님께서 신도에게 마정수기를 하고 있다. 마정수기는 대체로 티베트 승려들이 신도들에게 해주는 수기법이다

—03
소각사 도량 내에 있는 사리탑과 부도이다.
티베트의 상징인 룽다가 걸려 있다.
사천성에서만 유달리 볼 수 있었던 룽다이다

—04
최근에 열반한 소각사 큰스님 사리탑이다.
이 백탑은 티베트의 전형적인 양식이다

도 글자를 본떠 티베트 글자를 만들었다. 이렇게 만든 티베트 글자로 인도에서 직접 받아들인 산스크리트 경전을 번역케 해 티베트 대장경을 완성시켰다.

티베트에 불교가 전파된 지 몇 십 년 후, 선이 전래되었는데 최초로 티베트에 전해진 선사상은 무상 대사의 선이었다. 불교 학계에서는 '치손데첸왕 때에 북종선北宗禪의 마하연摩訶衍 선사가 781년 티베트 수도 라싸에 들어감으로써 티베트에 선을 전한 최초의 선사'라는 것이 학계의 일반적인 학설이었다.

그런데 티베트 외교문서와 《바세》의 기록, 돈황 출토 자료가 발견됨으로써 티베트에 최초로 선을 전한 사람은 신라인 무상 대사로 재평가되었다.

— 티베트 법당에는 어디나 경전이 소중히 모셔져 있다

무엇보다도 무상 대사의 선사상이 빛을 보게 된 데는 돈황문서 가운데 대표적인 기록이《역대법보기》이다.

당시 티베트의 치덱첸왕(704~754)이 산시(Sangshi)와 몇 사람을 사신으로 중국에 보내 불법을 구하러 왔을 때, 무상 대사가 산시 일행을 지도했다는 기록이다.

치덱첸왕은 왕자 치손데첸(742~797)을 위해 불교를 들여오고자, 산시 등 4인을 중국에 사신으로 보냈다. 산시는 서안西安에서 중국 황제를

—위
조캉사원은 송첸감포가 문성공주를 위해 지은 사찰이다. 문성공주가 당나라에서 모셔온 석가모니상이 모셔져 있다

—아래
네팔왕자인 브리쿠티-송첸감포 -문성공주

알현하고, 1,000권의 경전을 가지고 돌아가는 도중, 사천성 성도에 머물고 있던 무상 대사를 만났다. 무상은 티베트의 사신들에게 다음과 같이 예언했다.

"지금 네 나라의 부왕은 이미 죽었고, 불교를 배척하는 대신들에 의해 파불 사건이 일어나고 있다. 먼 훗날에 치손데첸 왕자가 왕이 되어 불교 교리에 대해 물을 때, 그 새로운 왕에게 부처님의 경전을 해설해 주면, 왕은 불심이 생길 것이다."

무상 대사는 산시 일행에게 불법을 가르치고 3경《십선경十善經》,《금강경金剛經》,《도간경稻竿經》을 주었다. 산시 일행은 두 달 동안 무상 대사 곁에 머물며 가르침을 받다가 티베트로 돌아갔다. 그런데 이들이 티베트에 귀국해 보니, 나라의 실정이 무상의 예언대로였다.

산시는 가지고 간 경전을 보호하기 위해 땅에 파묻었다. 이후 세월이 흘러 무상의 예언대로 왕자였던 치손데첸이 실권을 잡게 되었다. 어느 날 치손데첸왕은 산시 일행을 불러 불법에 대해 궁금한 점을 물었는데, 산시가 말했다.

"이전의 조상들께서 노자경에 따랐으나 나라에 좋지 않은 일이 많았습니다."

이어서 산시는 오래전에 중국에 다녀왔던 일을 말하고, 땅에 파묻었던 경전을 꺼내어 차례로 읽어 주었다.

─ 티베트의 상징인 라싸의 포탈라궁

지금까지 언급한 내용은 티베트의 고사서古史書인 《바세(sBa bzhad)》에 전하는 기록이다.

한편, 어느 자료에서는 세르난이라는 티베트 신하가 김화상을 찾아 와 《지관경止觀經》을 받고 선을 배웠으며, 이 세르난은 티베트의 유명한 삼예사桑耶寺의 승려였다는 기록도 있다. 또한 돈황 자료에 의하면 무상 대사의 어록 중 일부가 티베트어로 번역되어 유통되었음을 알 수 있다고 한다. 여러 역사적인 기록과 전설로 보았을 때, 티베트에 최초로 선을 전한 사람이 신라인 무상 대사였다는 사실만은 흘려버릴 것이 아닌 것 같다.

무상 대사에 관련된 자료를 살펴보면, 무상 대사를 신통부리고, 신이한 승려로 부각시킨 부분들이 여러 기록에 등장한다. 필자는 대체로 승려를 신통부리는 면으로 보는 시각에 대해 긍정하는 쪽은 아니지만 이 한 가지만은 언급하고 싶다.

무상 대사가 성도에 머물고 있을 무렵, 신라 땅에서는 무상의 아우가 왕이 되었다. 신라의 왕은 무상 대사가 본국으로 되돌아오게 되면 자신의 자리가 위태로울 것이라고 염려되어 자객을 보내어 무상을 죽이고자 했다. 무상 대사는 자객이 올 것을 미리 예견하고 있었다.

무상 대사 처소에 한 사람이 찾아와 말했다.

"제가 이 절에서 땔나무를 하고, 스님께 공양지어 올리고 싶습니다."

무상 대사가 허락을 하여, 이 부목은 사찰에 머물렀다. 그러던 어느 날 부목은 무상에게 말했다.

"오늘 저녁에 자객이 올 것입니다. 혹 자객이 나타나도 그를 상하게 하지 않을 것입니다."

한밤중이 되자, 부목은 무상 대사 곁에서 스님을 호위하였다. 이때 천장에서 홀연히 칼을 휘두르며 자객이 나타나자, 부목은 그를 칼로 해한 뒤, 뒷문 밖 구덩이에 묻었다. 이런 일이 있은 뒤 무상 대사가 부목에게 고맙다는 인사를 하려고 하자, 그는 보이지 않았다.

아마 이 이야기를 읽는 독자들은 중국의 무술영화를 떠올렸을지도 모른다. 실제로 이런 일이 있었는지는 정확히는 알 수 없다. 하지만《신승전神僧傳》이나《송고승전》〈감통편感通篇〉에 무상 대사를 신이한 승려로 언급하고 있는 점을 감안할 때, 무상이 살아생전이나 열반 후 중국불교사나 중국역사상 스님에 대한 존경의 한 단면으로 보았으면 한다.

장송산마와 마조는 동일한 인물인가
— 용천진龍泉鎭 장송산長松山 마조동

왜 푸른 산에 사느냐고 물으면
빙그레 웃고 대답하지 않으니
마음이 절로 한가롭다.
— 이태백

어느 지역을 벗어나든 오랜 친구와 늘 이별하는 심정이다. '내 살아서 언제 다시 이곳에 오려나?' 하는 아쉬움이 담긴 객기이다. 특히 중국 시골 버스 터미널에서 버스를 기다리면서 지인과 헤어지는 감상에 젖곤 한다.

앞으로는 옛사람을 보지 못하고
뒤로는 오는 사람 볼 수가 없네
천지의 무궁함을 생각하다
홀로 슬퍼하며 눈물 흘리네.

前不見古人 後不見來者

念天地之悠悠 獨愴然而涕下

이 시는 당나라 측천무후 때 사천성이 배출한 문인 진자앙陳子昻(661~702)이 노래한 시다. 진자앙이 고향(射洪)을 떠나 낙양으로 갈 때, 오랜 친구와 헤어지는 감회를 토로한 내용이다. 진자앙은 그래도 이별할 상대도 있었지만 홀로 여행에서는 맞아 주는 사람도, 배웅해 주는 사람도 없는 시골 터미널에서 감상에 젖으니 얼마나 청승맞은 일인가?

그런데 그런 객기와 쓸쓸함, 그리움이 다음 여행을 부추기는 동기가 된다. 나 자신도 모르는 역마살이 내 마음속 언저리에 숨어 있는가보다.

오후 늦게 자중현資中縣에서 버스를 타고 용천진龍泉鎮으로 향하고 있다. 무상과 마조의 행적을 찾는 순례길도 막바지로 접어든다.

지금 버스로 달리는 이 길은 무상 대사가 수행정진하기 위해 천곡산으로 가는 길이었을지도 모르고, 혹 덕순사에서 머물다 성도成都로 들어가는 길이었을 것이다. 아니면 마조가 삭발하기 위해 처적 선사를 찾아가는 길이었을지도, 더욱 정진하기 위해 토굴을 찾아 서성거렸던 길이었는지도 모른다.

세 시간 정도 달리는 차 안에서 창밖을 내다보며 '왜 무상 대사가 사천성四川省에만 머물렀는지?'를 생각해 보았다. 무상 대사가 활동할 무렵인 8세기 중엽은 중국 선종의 초기 단계로서 참선하는 승려들이 점차 늘어나던 때이고, 선사들은 한 장소에 연연하지 않고 여러 곳을 다니며 행각하던 때이다. 그런데 무상 대사 행적에는 신라에서 처음 중국에 들어와 섬서성陝西省 서안西安 선정사禪定寺 기록을 제외하고, 사천성 행적만 전할 뿐이다.

이런 생각을 하는 동안, 벌써 목적지인 용천진에 도착했다. 이 용천진에는 장송산에서 수행하였던 '장송산마長松山馬'라고 불리는 무상의 제자가 수행했던 곳이라고 하여 찾아온 것이다.

규봉종밀(780~841)의 《원각경대소초》 권3에 무상 대사의 제자들을 열거한 가운데 장송산마라는 사람이 등장한다. 그런데 종밀은 장송산마에 대해 정확히 거론하지 않고 있다. 한편《경덕전등록》에는 '익주益州의 장송산마'라는 인물이 처적處寂(무상의 스승. 마조를 삭발시킨 스승)의 제자라고 명기되어 있다.

일본의 두 선학자 유전성산柳田聖山(1922~2009)과 영목철웅鈴木哲雄(1934~)은 '익주[1]의 장송산마'를 마조도일이라고 주장한다.

어쨌든 화두는 장송산에서 수행한 '장송산의 마馬'라고 불리는 인물을 '마조도일'과 같은 인물로 보느냐, 아니면 마조가 아닌 다른 인물로 볼 것인가(?)가 관건이다.

규봉종밀은《선문사자승습도》에서 이렇게 말하고 있다.

---

[1] 익주는 현 사천성 성도(成都)를 말한다. 장송산과 성도는 20km 정도 거리인 인근 지역이다.

"홍주종[2]은 육조혜능의 방계인데, 그 선사의 성은 '마馬'씨이고 이름은 도일道一이다. 이 사람은 먼저 일찍이 검남劍南(현 사천성) 김화상의 제자였다."

그런데 종밀이 모두 자신의 저서인 《원각경대소초》에서 말하는 장송산마와 《선문사자승습도》에서 말하는 홍주종 마조를 같은 인물로 보았는지, 다른 인물로 다루었는지가 명확하지 않다. 이 점에 관해서는 학자들마다 여러 이견異見의 논문이 나오고 있다.

규봉종밀의 《원각경대소초》 《선문사자승습도》	《경덕전등록》
처적處寂(당화상) ｜ 무상 대사 ｜ 장송산長松山 마馬	처적處寂(당화상) ｜ 익주益州 장송산長松山 마선사馬禪師

장송산 마 = 마조도일?

---

2 마조계(馬祖系)의 선종을 홍주종(洪州宗)이라고 한다. 이는 마조가 주로 활약했던 홍주(현재 강서성 남창) 지역의 이름을 따서 홍주종이라고 이름 붙인 것이지만, 종밀이 마조계 선사들을 비하한 의미도 담겨 있다.

어쨌든 용천구龍泉區 용천진龍泉鎭에 위치한 장송산 장송향長松鄕 마을을 찾아갔다. 마을 어귀에 들어서자마자, 장송산으로 가는 길녘에 장송사長松寺가 있는데, 절은 지명 이름만 남아 있고 그 지역 전체가 장지였다.

사방을 둘러보아도 작은 묘지들뿐인데, 화장을 한 뒤 고인의 유골을 이곳에 매장하는 것 같다. 옛 사찰 땅이었고, 현재는 사찰로서의 역할은 아니지만, 장지의 제일 높은 언덕배기 작은 법당에 아미타부처님과 관음보살·지장보살이 모셔져 있다.

중국인들은 불자이든 불자가 아니든 아미타부처님은 이들의 수호신이요, 늘 살아있는 말 그대로 '님'이다. 이런 중국인들의 불심이 있기 때문에 조상을 아미타부처님 곁에 모시고자 하는 일은 당연한 일이다. 중국인의 불심은 존경받을 만한 점이 많다.

마을에서 3~4km 올라가면, 큰 바위가 마을의 수호신인 양 서 있다. 마을 주민들에게 물어보니, 그 큰 바위가 있는 부근을 마조동馬祖洞이라고 하는데 마조동은 단지 지명으로만 남아 있다는 것이다.

원래는 동굴이 있었는데 자연재해로 인해 동굴이 무너졌다는 설과 문화혁명(1967~1976) 때 인위적으로 입구를 막아 버렸다는 설 등 두 가지이다. 이 글을 쓰는 지금도 정확한 답변을 알지 못하지만, 후자일 가능성이 크다.

마조동이라는 지명으로 언제부터 불렸는지는 알 수 없으나 실제로 마조도일이 이곳에서 수행한 장송산長松山 마馬라고 한다면, 무상 대사와 마조는 스승과 제자의 인연이 될 것이다.

— 위
장송사 입구

— 아래 좌
장송사 장지

— 아래 우
장지 주변에 지장보살이 모셔져 있다

—위

마조동 큰 바위

—아래

마조동 부근

물론 마조동 하나를 보고 무조건 마조가 무상의 법맥을 이어받은 것이라고 단정하는 것은 아니다. 무상 대사와 마조의 인연과 법맥에 대한 객관적인 관점은 뒤에서 언급하려고 한다.

그런데 장송산 마을 전체가 복숭아밭이다. 사천성의 유명한 특산물 중 하나가 복숭아인데, 사천성이 공기와 온도가 적합하고 천혜의 지역이라고 하지만, 이 지역은 특히 더한 것 같다. 마을 집에 들어가 복숭아 두 개를 샀다. 두 개에 2원(한화 350원)[3]인데, 먹어보니 맛있고 배가 든든하다. 언덕에 앉아 복숭아를 먹으며 장송산을 바라보니, 안개에 싸인 복숭아밭이 말 그대로 무릉도원이다.

— 장송산

복숭아밭이 천지이다 보니, 《삼국지》의 유비와 관우·장비가 복숭아밭에서 의형제를 맺었던 일이 그림처럼 펼쳐진다. 도원결의桃園結義한 곳, 이들의 본거지가 바로 촉나라인 사천성이지 않은가? '태어날 때는 달리 태어났지만, 죽을 때는 함께하자'는 세 사람이 피를 나눈 형제 이상의 우정과 인간애를 생각하면 마음이 따뜻해진다.

또 우정 이상의 남자들의 의리를 생각하면 《사기》의 저술가인 사마

---

[3] 실은 복숭아 한 개에 한국 돈으로 치면 40원 정도이다. 너무 헐값인 것 같아 주인에게 2원을 지불했다. 중국은 대체로 채소나 과일 가격이 매우 저렴하다.

천이다. 사마천司馬遷(B.C. 145~B.C. 86)은 사관으로서 친구 이릉 장군을 변호하다 옥에 갇히게 되었다. 사마천이 궁형을 당하기 이전, 친구 임안은 집안 대대로 살아온 자기 집을 팔아 사마천을 구하려 했으나 실패해 결국 사마천은 궁형을 당하게 되었다. 이후 사마천이 복직한 뒤, 반대로 친구 임안이 옥에 갇히는 신세가 된다. 이때 친구 임안이 사형에 처하게 되자, 사마천은 임안을 대신해서 독약을 먹겠다고 한무제에게 청을 올린다.

유비·장비·관우, 사마천·이릉·임안, 남자들만의 끈끈한 우정과 의리가 세상에서 아름다운 모습으로 다가온다. 이렇게 홀로 여행할 때마다 진정한 친구에 대해 곱씹어 생각하게 된다. 일생을 살면서 좋은 벗이 셋만 있어도 성공한 인생이라고 하는데, 나를 이해하고 알아주는 벗은 누구인가?

무상과 마조의 아름다운 법연 法緣
―행적 순례를 마치면서

좋은 벗이 있다는 것, 선지식이 있다는 것,
좋은 사람들에게 둘러싸여 있다는 것은
수행의 전부를 완성한 것과 다름이 없다.
― 《잡아함경》

무상과 마조의 사천성 행적지 순례를 마쳤다. 홀로의 순례가 늘 그렇지만 계획 세우기, 차편과 숙소 알아보기, 목적하는 곳에 대한 사전 조사 등 부단히 바쁘다. 스스로 여러 일을 혼자 하니, 마음이 차분히 정리되지 않는다. 명나라 때 운서주굉(1535~1615) 선사가 쓴 《죽창수필》에서 읽은 구절이 생각난다.

> 종일토록 분주히 일에 시달리거나,
> 혹은 이럴까 저럴까 결정을 내리지 못하다가,
> 문득 새벽에 잠에서 깨어나 고요히 앉았노라면
> 어제의 옳고 그른 일,

가부를 결정하지 못해 답답했던 일들이 분명하여
예전의 그릇되었던 일을 이때 깨닫곤 한다.
마음의 심성을 분명히 보지 못하는 것은
모두 바쁘고 산란한 마음이 본체를 가렸기 때문이다.

이제는 무상 대사와 마조와의 인연, 스승과 제자라는 문제에 대해 시간을 두고 정리해야겠다. 무상이 내 조국 신라 승려라는 점 때문에 아전인수격으로 '마조가 무상의 제자'라고 단언하는 것은 타당하지 않다고 본다. 즉 무상과 마조에 관해서 지리적 상황과 자료만을 가지고 후대에 단언하는 것 자체가 오류이지만, 두 스승에 관해 객관적인 관점과 비교가 필요하다고 본다.

먼저 무상과 마조의 법맥 문제에서 긍정적인 차원부터 살펴보자.

첫째, 앞에서 언급한 '장송산마長松山馬'라는 인물을 마조, 즉 무상의 제자라고 볼 수 있다. 직접 장송산에 가본 결과 '마조동馬祖洞'이라는 지명이 오랫동안 마을에 전해오고 있는 점이다. 마조동이라는 지명 하나만 가지고도 장송산마가 마조라고 볼 수 있다는 점이다.

둘째, 마조와 무상 대사가 활동했던 시기적인 관점이다. 마조가 태어나고 출가·삭발한 곳이 사천성으로, 마조의 5~6년 동안 행적이 사천성이며, 마침 무상 대사도 사천성에서 수행한 시기와 장소가 맞물린다. 두 선사가 비슷한 시기에 함께 사천성에 머물렀던 점으로 보아 무상과 마조가 만났을 것으로 여겨진다.

— 위
  무상 대사의 전법도량인
  사천성 성도 대자사 입구

— 아래
  마조도일 상(사천성 시방시
  나한사에 모셔져 있음)

즉, 무상과 마조는 처적 선사를 통해 끈이 이어지고 있다. 처적 선사는 무상에게 있어서는 법을 준 스승이요, 마조에게 있어 삭발 스승이다. 마조가 처적의 도량에서 삭발하고 덕순사에 머물고 있을 무렵에 무상 대사도 이곳에서 함께 머물렀을 가능성을 생각해 볼 수 있다. 무상이 당나라에 갔을 때 세속 나이가 44세이다. 무상과 마조의 나이는 무려 25세 차이가 난다. 특별히 스승과 제자의 관계라기보다는 서로 가르침을 주고받는 관계가 성립될 수 있다는 것이다.

한편 마조가 무상을 만난 곳이 처적의 도량이 아닌 다른 곳이라는 점을 고려해 보자. 무상의 법력이 세상에 알려졌을 때가 바로 50세라고 계산해도 마조는 대략 25세였다. 마조가 사천성의 여러 지역에서 수행하던 중 처적이 입적하자, 마조가 무상을 만나 스승으로 섬겼을 가능성을 배제할 수 없는 점이다.

셋째, 무상 대사 행적지와 마조가 사천성에서 머문 장소의 지리적인 관점에서 살펴보자. 두 스님의 활동 영역이 대부분 지척의 거리이다. 사천성은 중국에서 지리적으로 꽤 외진 곳이므로 다른 지역으로 이동하는 일이 쉽지 않다. 필자가 마조와 무상 대사가 활동했던 행적지를 다녀보았지만, 다른 지역 수행자들의 활동 거리보다 매우 좁은 범위라는 점이다.

즉 마조가 고향에서 출가해 삭발하고 수행한 그 몇 년간의 활동 지역과 매우 가까운 거리에서 무상 대사가 활동했다는 점이다. 이런 지리적인 관점에서 보더라도 두 분이 조우했을 가능성이 매우 크다.

넷째, 무상 대사와 관련된 기록이 최치원의 〈지증대사적조탑비智證大

師寂照塔碑)에도 기록이 전하고, 염관제안의 법을 받은 사굴산문 범일梵日의 제자인 행적行寂(832~916)은 '무상의 영당影堂에 찾아가 예를 올렸다'는 기록이 전한다. 이처럼 당시 무상 대사의 명성은 고국 신라에도 널리 알려져 있었음을 추측할 수 있다. 신라국 승려들이 입당入唐하여 당연히 무상 대사의 행적지를 순례코자 했을 터이다. 또한 신라 승려들이 마조계 문하門下에 찾아갔던 것은 마조가 무상의 법을 받았다는 소문이 신라에 퍼져 있었음을 염두에 둘 필요가 있다. 또한 실제로 신라의 구산선문 중 7산문과 그 이외 여러 승려들이 마조의 문하에서 법을 받았다.

다음은 마조가 무상의 제자라고 보기에는 적합지 못한 데에 초점을 두고 살펴보기로 한다.

첫째, "무상·무주·마조·서당의 진영을 모시고 공양하였다."는 이상은이 쓴 〈사증당비四證堂碑〉의 기록만을 가지고 마조와 무상의 법맥이 연계된 것으로 보고 있다. 그런데 중국인들은 특유의 인연관계를 중시한다. 의형제라는 틀로 서로 간의 인연을 소중히 여긴다.

중국의 사찰들은 대체로 조사전祖師殿이 있는데, 특히 선종 사찰은 반드시 이 당우가 있다. 이 조사전 안에는 종파의 종조나 사찰을 창건한 스님, 혹은 역대에 상주했던 방장을 모신다. 선종 사찰은 사찰마다 조금씩 다른데, 어떤 사찰은 달마에서부터 혜능까지 여섯 진영眞影을 모시기도 하고, 어떤 곳은 달마와 혜능만 모시며, 어떤 곳은 백장·마조를 함께 모시기도 한다.

— 위
마조가 태어난 사천성 시방현 마조촌
마조사와 주변

— 아래
마조가 출가한 사찰
(사천성 시방시 나한사 산문)

한편 굳이 그 선사의 법을 잇지 않아도 조사전에 그 사찰의 조사와 관련된 승려의 위패나 진영을 나란히 모시기도 한다. 단적인 예가 단하천연丹霞天然(739~824)이 창건하고 머물렀던 단하사 조사전에는 단하천연 왼쪽에 동학인 방거사(?~808)가 모셔져 있고, 강서성江西省 영수현永水縣 운거도응雲居道膺(846~902) 도량 진여사眞如寺에는 달마를 중심으로 백장과 남산율종南山律宗의 도선道宣(596~667) 율사가 모셔져 있는 등 다양한 면이 있다. 이런 여러 상황을 복합적으로 추론해볼 때, 〈사증당비〉에 열거된 선사들이라고 하여 법을 이은 법맥이라고 보기에는 적합지 못한 면이 있다.

오랫동안 여행하면서 중국인과 잠시 대화를 하는 와중에 이들 중에는 만난 지 채 몇 분도 되지 않았는데, '너와 나는 친구다'라는 말을 서슴없이 한다. 이런 관념적인 중국인들의 인성을 가지고 학문적인 견해를 말하는 것은 위험한 일이지만, 중국문화적인 관점에서 고려해 볼 수 있다는 점이다.

둘째, 규봉종밀은 《선문사자승습도》에서 "마조는 육조혜능의 방계이다. 처음에는 마조가 무상의 제자였는데, 후에 남악회양의 제자가 되었다."라고 하면서 마조를 '홍주종'이라고 하였다. 실은 종밀이 말하는 마조의 법맥문제는 객관적인 관점이 아니라, 마조와 제자들을 폄훼하고 있는 것이다. 이에 종밀이 마조라는 인물을 낮게 평가하면서 신라인 무상과 함께 연계시키고 있는 점을 간과할 수 없다. 한편, 그 반동으로 자

― 위
마조가 개당설법한 도량
(복건성 건양 성적사)

― 아래 좌
마조가 열반한 강서성 정안
보봉사의 사리탑 당우

― 아래 우
마조의 사리탑
(강서성 정안 보봉사에 모셔져 있음)

신이 속해 있던 하택종⁴을 정통이라고 주장하기 위한 것으로도 추론해 볼 수 있다.

당나라 때 현장(601~664) 법사가 중국으로 돌아와 법상종法相宗을 성립시키고 유식唯識을 강의했다. 현장 법사의 제자로 규기(632~682)가 있다. 신라인 원측圓測(613~696) 법사가 세속 나이로나 학문적으로 규기보다 뛰어났다. 그런데 후에 규기 측에서 원측 법사를 이단으로 내몰았다. 현장 법사가 인도에서 돌아와 유식강의를 할 때, 원측은 떳떳하지 못하게 몰래 도강했다는 것이다.(이 내용은 《송고승전》 규기조에 기록되어 있다). 당시 중국 승려들에게 있어 원측은 동쪽 오랑캐족이라고 손가락질 당했을 터인데, 텃세가 오죽했겠는가.

무상 대사가 당나라에 머물렀던 시기도 원측과는 50여 년 이후이다. 중국인의 중화주의 사상인 화이관華夷觀에서 무상 대사가 신라 사람이라는 점 하나만 가지고 마조와 더불어 무상을 함께 폄하한 점을 고려해 볼 수 있다.

셋째, 종밀이 '마조가 무상의 제자다'라고 주장하는 것에 대하여 연대를 짚어 올라가면서 살펴보면, 마조가 출가하고 삭발했을 때의 나이가 20살 무렵(729년)이다. 그런데 무상이 자주資州에 들어간 것은 개원開元 16년(728년) 이후의 일이다. 앞에서 무상과 마조가 조우했을 것으로 언급한 것에 대해 반대로 생각해 볼 수 있는 문제이다. 무상이 당나라 생

---

4 종밀은 화엄종의 5조이기도 하지만, 선종의 한 일파인 하택종의 5조에 해당한다.

활에 적응하고, 스승에게 법을 받은 것도 몇 년 이후의 일인데 무상이 마조의 스승이 될 수 있는 시기가 적합치 못하다는 점이다.

게다가 마조의 행적은 25세 이후 호북성湖北省을 거쳐 호남성湖南省으로 옮겨가 남악회양을 만나 깨달음을 이루었다.[5] 마조는 10년 뒤 복건성福建省 건양建陽에서 개당설법한 이후 강서성江西省 일대에서 제자들을 지도하다 강서성에서 열반했다. 마조의 행적에서 마조가 사천성을 떠난 이후 사천성의 활동은 전하지 않는다. 이에 마조가 무상 대사를 만나 스승과 제자의 인연이 맺어졌을 것이라고 생각하기 힘들다.

이와 같이 무상과 마조의 법맥에 관해 긍정적·부정적인 여러 관점에서 객관적으로 살펴보았다. 그런데 이성적인 관점을 벗어나 마음 한 구석에서는 두 고승이 함께 탁마하며 수행했을 거라는 모습을 상상하곤 한다. 국가를 초월한 불교 승단의 한 사람이기보다는 한국인의 피가 먼저인가보다.

어느 학자가 "임진왜란 당시 스님들이 승병으로 나섰던 이유는 승려의 계율 이전에 나라에 대한 충忠이 먼저였다."는 논문을 발표한 적 있다. 이 점에 있어서는 나도 긍정하는 바이다. 외국을 다니면서 국가를 초월한 승가라는 테두리보다는 한국승가를 먼저 염두에 두었고, 한국인이

---

[5] 물론 '마조가 남악회양의 법을 받았다'는 것도 역사적인 사실성을 가지고 있는 것은 아니다. 선종의 역사는 대체로 확실한 증거를 두고 있지 않다.

— 안휘성 구화산 화성사에 김교각 스님의 유물과 구법활동에 관한 그림이 모셔져 있다

라는 점을 앞세웠다. 누가 알아주는 것도 아닌데…….
 무상 대사 이외에 중국에서 고승으로 추앙받는 승려들이 몇 있다. 중국인들은 신라인 김교각(693~794) 스님을 지장보살의 화신으로 추앙해 안휘성 구화산九華山을 지장보살의 성지로 정해 놓고, 그곳에 순례하는 것을 희망한다. 또 앞에서 언급한 원측 법사이다. 서안西安 흥교사興教寺 현장 법사 사리탑 옆에 원측 법사 탑이 나란히 모셔져 있다(원측은 종남산 운제사에서 열반하여 향곡사와 풍덕사 두 곳에 사리탑이 있었으나 송나라 때 흥교사로 옮긴 것). 당나라 고종 때 현장 법사가 황궁사찰인 자은사慈恩寺에서 열반하자, 측천무후가 자은사 방장 후임자로 원측을 내세울 정도로 측천무후는 원측을

— 중간의 탑은 현장, 왼쪽은 규기, 오른쪽 탑은 원측의 탑이다(섬서성 서안 흥교사)

'살아 있는 부처님'처럼 존경하였다고 한다.

중국은 자신의 나라가 세상의 중심이요, 최고라는 착각이 심할 만큼 오만방자한 면이 있다. 예전에 한국을 포함한 주변 국가는 모두 오랑캐라고 했으며, 무력을 행사하면서까지 조공을 바치게 한 중국이었다. 하다못해 광동성 사람인 육조혜능에게 '오랑캐족도 불성이 있겠느냐?'는 발언이 나올 정도였으니…….

이런 중국인들에게서 중국 선종에 큰 발전을 이루었고, 마조의 스승으로 무상 대사를 언급하고 있는 점이나, 중국 오백나한 가운데 무상 대사를 455번째로 추앙하고 있는 점, 김교각·원측 법사가 중국인들에게 존경받는 스승이라는 점을 생각하면 한국인으로서 무한한 긍지요, 매우 고무적인 일이다.

무상과 마조의 행적지 순례를 마치면서 선사들의 법계 문제나 사상을 지혜로운 안목으로 정의내리지 못하는 점에 있어 자괴감이 든다. 앞으로 눈 밝은 학자의 심도 깊은 연구가 나오기를 바라마지 않는다. 더불어 무상 대사의 수행관 연구를 통해 한국불교에 큰 발전이 있기를 간절히 발원한다.

무상 대사의 정진력과 고귀한 덕에 귀의합니다.

사천성은 지리적으로 분지로 둘러싸여 있어 전쟁 피해가 없어 자연보호와 문화 보존이 잘된 곳으로 유명하다.
또한 사천성은 차茶의 명산지요, 차의 고향으로 유명하다.
이번 순례하면서 느꼈지만 사찰마다 노천 찻집이 없는 곳이 없었다.
수십 석의 테이블에 빈자리가 없을 정도이다.
한편 사천성은 두보·이태백·소동파 등 문인들은 물론이요, 마조·규봉종밀·임제의현·덕산선감·설두중현 등 훌륭한 선사들이 배출된 곳이다.
게다가 선의 종문서라고 할 수 있는 《벽암록》 저자인 원오극근의 고향이기도 하다.

5장
사천성 승려들

비구니의 애환
― 성도成都 애도원

사람의 출신 성분을 보지 말고, 그 사람의 행위로 평가하라.
불[火]이 장작[木]에서 생겨나는 것처럼,
아무리 천한 출신일지라도 진리에 대한 믿음과 부끄러움을 안다면
이 사람은 매우 고귀한 사람이다. ― 《숫타니파타》

계획했던 무상 대사와 마조 스님의 사천성 행적 순례는 끝났다. 대략 보름 정도 예상했는데, 차편이나 도로 사정이 좋아 이틀 정도 시간이 남았다. 예전에 사천성을 두 번이나 다녀왔지만 한국 돌아갈 때까지 사천성 성도 부근에 위치한 사찰을 다시 한 번 순례하기로 하였다. 먼저 신도현新都縣에 위치한 보광사寶光寺에 가기로 마음을 정했다.

내가 머물던 숙소는 처음 성도에서 이틀간 머물렀던 문수원文殊院 부근인데, 바로 이 부근에 비구니 사찰인 애도원愛道院이 있다. 성도 안내 책자나 지도에도 없던 사찰인지라 보광사 가기 전에 잠시 들렀다 가기로 했다.

애도원은 원래 예전에 원각암圓覺菴이라고 불렀다. 명나라 말기에 창

— 애도원 산문 입구

건되었고, 청나라 건륭제 때 중수되었다. 이후 '시방애도염불당十方愛道念佛堂'이라 불리었고, 예전에는 사천성 비구니 총림으로 규모가 매우 컸다고 한다. 1999년에 도량 불사를 시작으로 산문 · 대웅전 · 관음전 · 객당 등이 2001년에 마무리 되었다.

사천성 성도 부근에서는 유일한 비구니 사찰이라고 하는데, 이번 사천성에 와서 비구니 사찰은 처음이다. 이 애도원에는 승려가 80여 명 정도 상주한다.

불사가 완전히 끝났다고 하지만, 대웅전 외벽에 단청을 하고 있었다. 공양간에서 한 스님이 기도를 하고 있는데, 탁자 위에 요령 · 금강저 · 염주 등 몇 가지 불구가 놓여 있었다. 스님께서 진언을 염하며 기도하는 것이나 불구들을 보니 티베트식 기도인 것 같다.

이 사찰에 대한 연혁도 알아보고, 이 절에서 스님들이 어떤 수행을 하는지 지나가는 스님을 붙잡고 물었다. 그런데 이 비구니 스님은 위아래 사람을 훑어보며 염탐꾼 대하듯이 피한다. 경계의 눈빛으로 쳐다보고 있음이 역력했다. 이런 경우는 몇 번 경험했던 일이고, 예전에 어떤 글에서도 비구니 스님들의 불친절을 비판했던 바가 있다. 솔직히 나도 따뜻한 면이 없는지라 비판할 것은 못되지만, 조심해야 할 부분인 것 같다.

그래도 이왕 들어왔으니, 사찰에 대한 연혁이나 자료 얻는 것은 아예 포기하고, 각 당우에 들어가 절을 하고 꼼꼼히 살폈다. 이런 와중에 보살님 한 분이 나를 뒤따르며 멀리서 감시를 하고 있었다. 그 비구니 스님이 사람까지 시켜 내 행동을 주시하고 있으니, 보통 성가신 일이 아니다. 아마도 오랫동안 사회주의 국가를 고수했던 원인도 있을 것이다.

그런데 왜 꼭 비구니 사찰에서만 이런 일을 당하는지 모르겠다. 뭐라고 표현해야 하나? 언젠가 불교계 신문 기자들이 '비구니 스님들 인터뷰는 쉽지 않다'고 한 말이 생각난다. 소극적이라고 해야 할지, 불친절하다고 해야 할지 미묘한 존재인 것만은 확실하다.

아무튼 누가 감시를 하든 말든 이제는 배짱만 늘어 할 것 다 하고, 볼 것 다 보고, 사진도 필요하면 신발 벗고 불단까지 올라가 찍었다. 불상이 고대 유물이 아니라 최근에 조성된 불상인지라 죄책감은 없었다. 무식한 내 행동에 어쩔 줄 몰라 전전긍긍하는 사람은 바로 나를 감시하는 보살이었다.

실은 성도에 비구니 도량이 있다는 것만으로도 중국불교에 높은 점수를 주어야 한다. 중국 사찰은 거의 대부분이 비구 도량이다. 예전에 순례한 사찰 중에서도 비구니 도량은 비구 도량에 비해 10%도 되지 않고, 환경도 매우 열악한 편이다. 이렇게 글을 쓰다 보니, 늘 익히 살아왔던 비구니로서 당연한 것이건만 왜 이의 제기를 하는지 모르겠다.

인간의 역사는 기득권 중심의 사회이다. 기득권층을 형성하면서 자신들에게 유리한 법을 만들어내고, 하층을 발판으로 상층계급을 만들어 간다. 어느 사회에서나 기득권층이 그들만의 역사를 만들어내듯, 독재 정권을 형성해 놓고 자신들에게 반항하는 자에게는 제재를 가한다. 어

—01
오대산에서 만난 몽골 비구니 스님. 다양한 민족이 사는 중국이므로 승복도 가지가지다

—02
비구니 스님들의 공양 모습

—03
사천성 문수원에서 만난 비구니 스님. 치마는 티베트 승복이고, 적삼은 중국 한족 옷이다

—04
한족 비구니 스님들

느 시대 어느 나라에서나 여성들은 남성들(기득권층)의 차별로 인해 하위층을 형성하고 있다.

불교에서도 이 점은 완전한 벗어나지 못한 것 같다. 현 미얀마나 스리랑카 등 상좌부 불교국가에 비구니가 없는 것도 그러하다. 비구들은 여성 출가자들이 자신들과 동등하게 비구니로 인정되는 것을 꿈에도 생각지 않는다. 법法 앞에 남녀 모두가 평등하다는 것은 불교에서 내세우는 근본 가르침이다. 그런데 현재 계율법戒律法이 없어서 비구니 계단을 만들 수 없다고 하는데, 말이 되는 소리인가! 미얀마에서는 여성 출가자를 '샤얄레이(띨레신)'이라고 하여 이들은 8계를 받는데, 한국으로 치면 사미니도 아니다.

상좌부 불교 교단에서는 부처님께서 재세하던 수행법과 똑같다고 자랑하면서 대승불교를 인정하지 않는 스님들도 많다. 그러면서 부처님 당시에도 있던 비구니 구족계를 왜 살려내지 못하는지 알 수가 없다. 이보다 더 큰 문제점은 천여 년이 넘도록 비구니가 없고, 샤얄레이가 비구에게 정중히 예를 갖추다 보니, 여성 출가자들은 이런 차별대우를 당연하게 받아들인다. 이 점이 더 안쓰럽다.

현재 상좌부 불교에서는 비구니가 존재하지 않지만, 그 옛날에는 《테라가타》(장로들의 깨달음에 관한 게송)에 대비해 《테리가타》(비구니가 남긴 게송)가 있을 만큼 비구니나 여자도 깨달을 수 있다는 데는 긍정적이었다. 《테리가타》에 지혜가 뛰어난 케마, 신통에 뛰어난 웃팔라반나, 초라한 옷으로 자신을 숨기고 두타행을 실천한 키사고타미 등 득도한 비구니에 대해 서술하고 있다.

묘하게도 모든 종교의 여성 성직자들은 일반인 사회보다 차별을 심하게 받는다. 그나마 한국이나 대만 비구니만 비구와 동등하게 대접받는다고 하는데, 이것도 말만 그러할 뿐이지 현 실상은 그렇지 못하다.

— 미얀마의 사알레이(여성 출가자들)

아이러니하게도 오히려 대승불교 교단에는 엄연히 비구니가 존재하는데도 오히려 부처님 당시보다 여자가 성불하는 데는 부정적이다. 여성 출가로 불교를 500년 말아먹었다는 말이 있을 정도이다. 《법화경》과 《유마경》 등 대승경전에서 언급하는 여인성불도 한 번 남자의 몸으로 변해야 성불하는 변성성불이 언급되어 있다.

계율이 중요한 것은 자명사실이다. 그러나 계율이란 것도 인간을 위한 것이 아닌가? 《오분율장》에서는 부처님께서 "비록 내가 제정한 법法이지만 다른 나라에 있어서 풍습상 맞지 않거든 그 풍습에 맞추어도 된다."라고 명시되어 있다. 정형화된 계율에 맞춰 인간을 끼워 맞추기식의 계율은 고려해야 된다고 생각된다. 계율이라는 것도 인간이 만들었기 때문에 그 문화에 맞는 융통성된 계율도 필요하리라고 본다.

그 옛날의 계율만을 고집해서는 불교의 비전이 없다고 본다. 중생들의 마음이 변하고, 이데올로기가 끊임없이 변하고 있다. 일반 사회에서는 여성이 수상이나 총리가 나온 지 벌써 몇 수십여 년이나 흘렀다. 새 시대에 발맞춰야 할 종교단체만 시대를 거슬러 올라가 보수성을 자랑하는지 알 수 없다.

이 애도원 도량 한 구석에 앉아 차를 마시면서 승가에서 아웃사이더(outsider)로 살아왔던 비구니로서의 길, 모든 비구니 스님들의 애환을 생각하니 괜히 마음이 짠하다.

현실로 돌아오자. 나를 몰래 따라다니며 감시하고 있던 보살님이 애가 닳아 있다. 도량도 크지 않고, 근래에 불사한 도량인지라 더 살펴볼 유물도 없으니 그만 괴롭히고 일어서야겠다.

왜 이 절에 젊은 승려가 없을까?
—신도현新都縣 보광사

> 진리를 구하려는 욕구만 있으면 마음은 고요해진다.
> 다만 마음이 고요해지기만을 바라고 진리 구하는 것을 잊으면 산속도 매우 시끄럽다.
> —영가현각

성도成都 시외버스 터미널에서 다시 보광사행 버스로 갈아타고, 그 부근에서 내려 작은 미니버스로 갈아탔으니, 두 시간이 넘게 걸린 듯하다. 나 홀로 여행에서는 이런 불편을 감수해야 하는데, 이런 불편함이 하나의 여정으로 생각되어 힘들지는 않다. 인생 자체가 원래 두카[苦]이거늘 무슨 낙을 바라고 여행하겠는가. 두카라는 것, 그 자체를 일상으로 받아들이고 수용하니 불편함조차 일상이 되었다.

보광사는 중국 4대 사찰 중 하나인데, 예전에는 중국 서남 지역 선종 사찰로 유명했다고 한다. 이곳이 참선하는 도량이었다면, 무상 대사가 활동했던 성도와 가까운 곳이니 무상의 선사상이 당연히 전개되었을 것이라고 추측된다.

보광사는 성도에서 북쪽으로 약 18km 정도 떨어진 곳에 위치한다. 3~4세기 후한後漢 때 창건되어 송나라 때는 약 3,000여 명의 승려가 상주했었다고 하니, 이 사찰의 규모를 가히 짐작할 수 있을 것이다. 내부는 1탑 · 5전五殿 · 16원院으로 도량 구조를 이룬다.

하나의 탑이란 바로 사리탑으로 13층의 30m 높이이다. 이 절이 처음 창건되고 '대석사'로 불리다가 당나라 때 건립된 탑에 석가모니 사리를 봉안했는데, 탑에서 아름다운 빛이 발한다는 뜻으로 보광사寶光寺로 절 이름이 바뀌었다. 그런데 애석하게도 이 탑은 2007년 지진 피해로 인해 불사 중인지라 전체적인 면모를 볼 수 없었다.

한편 남북조시대인 540년에 조각된 천불비千佛碑와 청나라 황제가 이 절에 보시한 청동으로 주조된 우담바라화가 대표적인 문물이다. 이 외에 수많은 불상과 탑 등 문화적 가치가 높은 유물을 보유하고 있다. 이런 유물들을 박물관에 보관하고 있는데, 사천성 사람들이 자랑스럽게 여기고 있다. 도량의 당우도 1,500년의 세월을 이기지 못하고 자연재해와 전쟁으로 인해 몇 번이고 소실되었으나 몇 번이고 재건축되었고, 현재의 당우들은 17세기 모습이다.

도량을 다니는 와중에 점심시간인지라 공양간에서 점심을 먹었다. 점심 먹을 때 보니, 승려보다 재가자들이 더 많았다. 재가자들이 사찰에 근무하는 직원이 아니라 사찰에서 점심값 5원(한화 850원)을 지불하고 사먹는 것이다. 중국의 대사찰들은 이런 제도가 잘 되어 있다.

점심을 먹고 오백나한전으로 옮겨갔다. 청나라 때 주조된 2m 크기

—보광사 입구. '보광선원'이라는 편액이 걸려 있는 것으로 보아 근대까지 선방 도량이었음을 알 수 있다

540년에 조성한 천불비

청나라 광서황제가 보시한
청동으로 된 우담발화

의 오백나한님이 모셔진 나한전은 이 사찰의 주요 건축물이요, 문물이다. 중국의 대표적인 오백나한전은 네 곳이다. '위쪽에 보광사(成都)가 있고, 아래에 서원사(강소성 소주蘇州)가 있으며, 북쪽에 벽운사(北京)가 있고, 중간에 귀원사(호북성 무한武漢)가 있다'는 말이 있을 정도이다. 보광사 나한전의 나한은 생동감 있고, 현실감이 뛰어난 작품으로 알려져 있다.

오백나한전 당우 안에서 한참을 돌아 455번째인 무상 대사의 상을 찾았다. 그냥 지나쳐도 되는데, 꼭 나한전에서 무상 대사를 찾게 되고, 직접 뵈어야 나한전을 다녀온 것 같다.

오백나한전에서 나와 당우 안에 모셔진 석조사리탑이 있는 곳으로 옮겨갔다. 이 사리탑은 청나라 때 조성되었다고 하는데, 매우 아름다운 탑으로 부처님 사리 3과가 모셔져 있다. 또한 이 당우 안에 채색된 청나라 때 작품인 열반도(벽화)가 있는데, 당우를 지키던 노스님이 양해를 해주어 직접 사진도 찍고 사리 친견도 가까이서 할 수 있었다.

사찰 내에 부도 및 사리탑과 계단당戒壇堂(계를 받는 당우)의 규모를 보고 그 옛날에는 수백 여 명이 수행했을 도량이었던 것으로 추측된다. 중국 사찰을 여러 곳 순례하면서 대략 판단이 서는데, 이 정도 규모는 매우 큰 도량이다.

그런데 예전에 선방 도량이었다고 하지만 현재는 참선하는 도량 분위기가 전혀 아니었다. '과부가 홀아비 심정 안다'고 어느 사찰이든 들어가면, 그 사찰에 대한 감感이라는 게 있다. 이 사찰 주지의 지향하는 바가 무엇인지, 승려들이 철저하게 수행하는지, 계를 잘 지키는지, 울력만

오백나한전 입구

석조사리탑(탑 내부에 부처님 사리 3과가 모셔져 있다)

죽어라고 하는지, 교학을 하는지, 신도들에게 어떻게 교육을 시키는지 느끼게 된다.

이 사찰에 대한 느낌은 빛깔만 고운 꽃이었지 향기가 나지 않았다. 색깔로 치면 고운 비단인데 탈색된 느낌이요, 음식으로 치면 정작 먹을 만한 것이 없는 밥상이라고 할까? 안타까운 현실이지만 받아들일 것은 받아들여야 한다.

두어 시간 넘게 도량을 다닌 뒤, 사찰 내에 있는 노천 차방茶房에서 차를 마시며 잠시 쉬기로 하였다. 차방에 들어서니 수십 여 명의 사람들이 차를 마시며 마작을 하고 있었다. 늘 하던 습관대로 우선 사진부터 찍고 차를 주문했다. 보광사 큰 도량을 다니는 내내 노스님들이 각 전이나 당우 안에 앉아 있는 것을 보고(중국 사찰은 승려나 거사가 당우를 지키고 앉아 있다), '왜 이 절에 젊은 승려가 없을까?'라는 생각을 했었는데, 젊은 승려들이 모두 이곳에 있었다.

7~8명의 젊은 승려들이 차방 가운데 테이블에 앉아 마작을 하고 있었다. 한국으로 치면 화투와 비슷한 것으로 중국인들이 즐겨하는 노름이다. 중국 사람들은 승려들을 존경하고 스승으로 예우하는데, 버젓이 재가자들이 보는 앞에서 이런 행동을 하는 것은 좋은 그림이 아니었다. 훌륭한 중국 수행자들도 많이 만났지만 이런 경우도 종종 발견하기 때문에 대수롭지 않게 생각했다.

내가 앉아 있는 테이블에 비구 스님들이 몰려와서 사진기를 보자고 하였다. 등등한 기세에 짓눌려 할 수 없이 보여 주었더니, 사진에 찍혀

—위
선방 입구(대철당) '말은 작은 소리로 하고, 걸음은 천천히 걸을 것'이라고 쓰여 있다

—아래
선방 내부

—위
선방사찰은 객당에 향판과 계율,
그 사찰만의 계율을 향판에 새겨
모셔놓는다

—아래
선방 내부에 있는 '방참'이 새겨진 판

도량 내에 부도 및
사리탑 60여 기가
모셔져 있다

도량 내에 있는 부도

있는 ('마작'하고 있는) 자신들의 모습을 알아서 지웠다. 한국 글자도 모를 텐데, 자~알도 하였다. 객지에서 비명횡사할 것 같아 참을 수밖에 없었다. 솔직히 내가 중국말이 서툴러 시비삼지 않은 것이지, 한국이라면 그냥 넘어가지 않았을 것이다. 차 마실 분위기가 아닌 것 같아 그냥 일어나 나왔다.

버스 정류장까지 걸어가면서 노여움이 가시지 않아 투덜대며 혼자 씩씩거렸다. 승려들의 그런 모습을 보고 나오니, 무언가 잃어버린 느낌이 든다. 실은 이런 문제는 비단 중국 승려들만의 문제는 아닐 것이다. 한국 승가도 무엇인가 잃어버렸고, 그 잃어버렸다는 것조차 느끼지 못하고 있는지 모른다.

임제종의 중흥조였던 오조법연五祖法演(1024~1104)은 어느 날 세 제자들과 함께 출타했다가 늦은 밤길을 걷게 되었다. 그런데 갑자기 바람이 불어와 초롱불이 꺼져 앞을 전혀 볼 수 없었다. 법연은 제자들에게 물었다.

"이럴 때는 어떻게 해야 하느냐? 각자 생각나는 대로 말해 보아라."

스승의 질문에 당황한 두 제자는 어물거리며 답변을 했고, 마지막으로 원오극근圜悟克勤(1063~1135)이 대답했다.

"조고각하照顧脚下, 발밑을 살펴보아야 합니다."

우리는 인생을 살아가는 데 있어 마음 단속을 잘해야 한다. 부처님께서는 늘 "인간의 감각기관인 6근六根(눈·귀·코·혀·몸·생각)을 잘 제어

해야 한다."라고 말씀하셨다. 아무리 출가 승려라고 하지만 자칫 잘못하면 나락으로 떨어질 수도 있다. 적어도 부처님 제자로서 본분은 잃지 않고 살아야 하리라. 그렇게 할 수 없다면 마을로 다시 돌아가야 하지 않을까?

"Watch your step, looking within."

《벽암록》과 다선일미의 원오극근을 찾아
— 성도成都 소각사

> 세력을 다 부리지 말라. 지나치면 후회할 일이 생긴다.
> 복을 지나치게 추구하지 말라. 지나치면 재앙으로 변한다.
> 규율을 다 지키지 말라. 지나치면 집착하게 된다.
> 좋은 말도 다하지 말라. 말이 과하면 허물이 된다. — 오조법연

사천성 성도成都 최대의 선종사찰인 소각사昭覺寺로 향했다. 이 사찰은 초행길이 아닌지라 마음이 느긋하다. 이 소각사에 재차 발걸음을 하는 목적은 단 하나이다. 《벽암록》의 저자이자, 간화선의 근원이 되는 원오극근 선사 탑묘에 예배하는 일이다.

택시를 타고 20여 분 만에 사찰 부근에 내리니, 서울 종로 조계사와 비슷하게 불교용품 가게가 즐비하다. 게다가 걸인들까지 한몫하고 있었다. 산문 입구에는 '제일선림第一禪林'이라는 편액이 눈에 들어온다. 도량에 들어서니 놀이터보다 더 번화하고 사람들로 북적댄다. 일반인들도 유원지로 생각하고 도량에 들어와 있고, 게다가 오늘은 토요일이자 법회가 있는 날이었다.

─위

소각사 입구

─아래

소각사 주변은 서울 조계사 주변처럼
향, 경전, 승복 등 불교용품 가게로
장사진을 이룬다

사찰 자료나 연혁에 관한 안내문을 얻기 위해 객당에 들어갔다가, 객당 옆방 노스님 방으로 안내되었다. 스님 방에는 몇 스님들과 보살님들이 앉아 한담을 나누고 있다. 한국 스님이라고 차를 주고, 부채 선물까지 주니 몸둘 바를 모를 정도이다.

이 사찰은 당나라 정관 연간(627~649) 때 창건되어 건설원建設元이라고 하였다. 당나라 희종황제가 '지혜로움으로 다른 사람을 지혜롭게 해 주고, 깨달음으로 다른 사람을 깨닫게 해 주라'는 뜻으로 소각사昭覺寺로 이름을 개명하고, 황제 칙명으로 '선종禪宗 조정祖庭' 사찰이라고 하였다. 도량은 전형적인 시방十方형이며, 당우 전체가 남향이고, 기세가 웅장해 위대한 면모를 갖춘 도량이다.

명나라 말기, 전쟁으로 인해 불에 완전히 타버렸으나 1663년 청나라 때에 파산 스님의 원력으로 다시 재건되었다. 현재의 건물들은 1985년에 보수한 것이다.

역사를 거듭하며 소각사는 선종 사찰로 천하에 알려지게 되었고, 뛰어난 고승이 많이 배출되었다고 한다. 현재는 선종이라고 하지만 정토종 승려와 밀교 승려가 대부분이었다.

도량 뒤편으로 가보니, 승려들의 사리탑과 부도가 매우 많았다. 이런 점으로 보아 이 사찰의 예전 규모를 알 수 있었다. 그런데 승려 부도와 탑들은 정비가 되어 있는데, 유물은 그냥 방치되어 있다. 스님들의 부도탑 앞에는 향과 몇 개의 과일들이 올려져 있고, 보살님들은 그곳을 지나며 법당에서 부처님께 절하듯 연신 합장하며 예를 갖추었다.

도량 내에 스님들의 부도탑이 많다. 신도들이 부처님께 하듯이 예배를 한다

소각사 도량에 있는 탑, 탑에 수많은 부처님이 모셔져(새겨져) 있다

수많은 유물이 방치되어 있다

도량은 정말 작은 도량이 아니었다. 너무 지쳐 찻집에서 차를 마시며 잠시 쉬기로 했다. 앞에서도 사천성 사람들의 차 마시는 것에 대해 언급했었지만 이 지역만이 아니라 중국민족은 차를 즐기는 민족이다.

중국은 어느 음식점에서나 뜨거운 물을 주고, 버스 터미널·공항·기차역 등 어느 곳에서나 뜨거운 물이 비치되어 있다. 하물며 장거리 버스 안에도 뜨거운 물이 담겨있는 물통이 비치되어 있을 정도이다. 그만큼 차를 즐기는 사람들이다. 그래서 중국에서 음료시장 개척은 어렵다고 할 정도이다.

중국인들이 한국 여행 왔을 때, 아쉬운 점이 뜨거운 물이라고 한다. 한국 음식점에서 뜨거운 물을 달라고 하면 숭늉이나 보리차를 주고, 뜨거운 물을 달라고 요구하면 중국인이라고 홀대하는 경험을 한다는 것이다.

《삼국지》의 장비는 술 먹고 부하를 때리는 못된 버릇 때문에 결국 부하의 손에 죽게 되었다. 중국 문인들 중에도 이태백 李太白(701~762)이나 백낙천 白樂天(772~846) 등 술을 즐겨 마셨던 이들이 많았던 만큼 중국에도 유명한 술이 많이 있다. 이렇게 다양한 술이 있음에도 불구하고 장비를 닮아 술 마시고 비틀거리거나 고래고래 소리 지르는 중국인들을 거의 본 적이 없다.

정약용 선생은 "차를 마시는 나라는 흥하고, 술을 마시는 나라는 망한다."고 하였다. 예전에 살았던 베이징의 오도구 五道口(한국 유학생들이 가장 많이 거주하는 곳)에서 밤늦게 비틀거리며 술 먹고 몰려다니는 사람들은 대

— 위
　소각사 대웅전

— 아래
　대웅전에서 법회를 기다리고 있는
　신도들

부분 한국 유학생들이다.

찻집에서 차를 마시고 나와 다시 도량 참배를 다녔다. 장경루藏經樓에는 당나라 때 현장 법사의 정골사리가 모셔져 있다고 한다. 또한 이 사찰에는 송나라 때 수로 놓인 《금강경》, 자수로 제작된 수월관음, 명나라 때 편찬된 《남장南藏대장경》, 청나라 때 복장 등 유물 유적이 많다고 해서 객당客堂에 가서 볼 수 있기를 청했으나 개인에게는 보여줄 수 없다고 한다.

볼 수 없는 일이라니 어쩔 수 없고, 이 소각사에 온 유일한 목적은 원오극근 선사 탑묘를 찾는 일이다. 그런데 갑자기 비가 쏟아진다. 불교용품 가게에 들어가 비가 그치기를 기다렸으나 야속하게도 비는 하염없이 내렸다. 30여 분을 지나 빗방울은 점점 더 굵어지고, 탑묘가 도대체 어디에 모셔져 있는지조차 모르니 답답할 노릇이다.

할 수 없이 어느 스님께 한자를 써가며, 그곳까지 데려다 달라고 부탁했다. 스님께서는 우산을 하나 빌려 내게 쓰라고 한 뒤 따라오라고 하셨다. 스님은 우산도 없이 뛰어가고, 나는 스님 뒤를 쫓아 한참을 걷고 뛰었다. 원오의 탑묘는 소각사 뒤편 동물원 안에 모셔져 있었다.

현재 소각사 도량은 예전 규모에 비해 4분의 1로 줄어들었고, 그 나머지 4분의 3은 현재 성도 동물원으로 개조된 것이라고 한다. 그 옛날 도량의 정확한 면적은 알 수 없지만 예전 도량이 현재에 비해 4배였다고 한다면, 한국의 대학 규모보다 더 큰 도량이었을 것으로 추측된다.

원오극근圜悟克勤(1063~1135)은 사천성 팽주彭州 숭녕崇寧(현 성도)에서 태어났다. 어려서부터 비범했고, 어린 시절 묘적원妙寂院에 출가한 뒤, 여러 스님들을 찾아다니며 경론을 배웠다. 이렇게 행각하던 중 원오는 수행의 절실함을 깨닫고, 오조법연五祖法演(1024~1104) 문하에 들어가게 된다.

그런데 법연은 제자에게 공부는 가르치지 않고, 하루 종일 일만 시켰다. 간혹 원오가 법에 대해 물으면, 스승 법연은 몽둥이로 때리기가 일쑤였다. 참다못한 원오는 결국 스승을 하직하고 나와서는 근 10년간 병고와 참담한 고생을 하였다. 힘들었던 10년간의 병고와 고생이 결국 자신을 위한 방편이었음을 깨닫고, 다시 스승 법연에게 돌아갔다. 그 깨닫게 된 기연도 재미있는 일화를 담고 있다.

법연의 고향 친구 진陳씨가 벼슬을 그만두고 사천성으로 가는 도중, 태평산에 들렀다. 법연은 친구에게 다음의 〈소염시小艶詩〉를 들려주었다.

한 폭의 아리따운 모습 그려내지 못하는데
골방 깊은 곳에서 사모의 정에 애가 타네
소옥아! 소옥아! 자주 부르지만, 소옥에게는 일이 없네
단지 낭군에게 제 목소리 알리기 위한 소리일 뿐.

一段風光畵不成 洞房深處陳愁情
頻呼小玉元無事 只要檀郎認得聲

이 시는 안녹산과 양귀비의 고사를 인용한 것이다. 양귀비는 큰 소리로 몸종 소옥이를 자주 불렀는데, 실은 소옥이를 찾는 것이 아니라 담 밖에 지나는 안녹산에게 자신의 안부를 전하기 위해서다.[1] 그런데 이 시를 듣는 진씨는 깨닫지 못했으나 옆에서 듣고 있던 원오가 듣고 깨달았던 것이다.

진씨가 물러나고 원오가 법연에게 물었다.

"스님께서 소염의 시를 들려줄 때, 친구분께서 선禪의 참뜻을 깨달았을까요?"

"그 사람은 다만 소리만 들었을 뿐이다."

"그러면 그가 낭군 부르는 소리를 들었더라면 더 좋았을 텐데 왜 안 하셨습니까?"

법연은 갑자기 소리를 높여 이렇게 자문자답했다.

"어떤 것이 조사가 서쪽에서 온 뜻인가? 뜰 앞의 잣나무이니라."

원오는 스승의 말을 듣고 문 밖으로 나와 마침 난간에 있던 한 마리 수탉이 날개를 치며 길게 우는 소리를 내었다. 원오는 바로 이 소리를 듣고 깨달았던 것이다.

훗날 원오는 재상 장상영張商英의 귀의를 받아 관사官寺에서 종풍을 선

---

1 〈소염시〉는 당나라 현종이 총애했던 애첩 양귀비를 소재로 한다. 양귀비는 안녹산과 정을 나누는 사이였다. 안녹산이 그리워도 불러올 상황이 아닌지라, 몸종 소옥이를 부름으로써 안녹산에게 자기 목소리를 들려주고 자신의 마음을 전하고자 하는 내용이다. 여기서 '소옥아! 소옥아!' 하고 부를 때, 낭군이 알아듣는 것은 '소옥'이라는 관념이 아니라, 그 목소리의 주인공이라는 것이다. 즉 말을 듣고 그 말의 의미관념을 따르지 않고 말의 근원을 파악하라는 오조법연의 가르침이다.

양하였고, 이외 성도 소각사昭覺寺, 호남성 협산사夾山寺 영천원靈泉院과 도림사道林寺 등지에 머물렀다.

원오는 제자를 지도하고 수행하면서《벽암록》을 저술하였다. 영천원 원오의 방에 '벽암碧巖'이라는 편액이 걸려 있는데, 이 방장실 이름을 따서《벽암록》이라고 하였다. 원오는 만년에 자신의 고향인 사천성 성도 소각사에서 머물다 세수 73세, 법랍 55세로 입적하였다.

원오극근이 머무는 곳에는 늘 천여 명의 제자와 재가자들이 있었다고 하는데, 대표 제자가 대혜종고大慧宗杲(1089~1163)와 호구소융虎丘韶隆(1077~1136)이다.

간화선의 선구자인 대혜는 참선자들과 대화를 하는 도중, 그 수행자가 하도 말을 잘 해서 정말로 깨달은 줄 알고 시험해 보면 그것이 실제 참선해서 깨달은 것이 아니라《벽암록》내용을 반복 암기한 것임을 알고 탄식하였다. 그래서 대혜는 "이렇게《벽암록》의 글귀만을 외우고 암기한다면 공안선이 아니라 구두선口頭禪(입으로만 선을 아는 것)에 떨어지고 말겠구나."라고 탄식하고 스승의《벽암록》을 불태워 버렸다는 이야기가 전한다.

간화선을 제창한 대혜가 스승의 책을 불태웠다고 해서《벽암록》이 결코 과소평가되는 선종서가 아니다.《벽암록》은 '종문제일서宗門第一書'로 불릴 정도로 오늘날까지 수행자들에게 애독되는 수행의 지침서이다.

또 원오는 일본이나 한국 승려들이 당신 슬하에서 머물다 떠나면 손수 '다선일미茶禪一味'라는 네 글자를 써 주었다고 한다. 다선일미는 찻물

원오극근 묘 입구

원오극근 묘 앞에 모셔진 제막비

원오극근 묘인데,
한국의 묘처럼 봉묘로 되어 있다

을 끓이고 차를 마시는 모든 행동 하나하나가 마치 참선하는 마음상태와 같다는 데서 유래되었다. 즉 차를 마시는 행위와 수행[禪]은 하나라고 보는 것이다. 원오는 수행할 때 차를 즐겨 마심으로써 선과 차가 하나임을 깨달았다고 한다.

이 다선일미 용어는 특히 일본에서 많이 쓰이는데, 일본 다인茶人들이 원오극근이 머물던 협산사나 소각사에 참배할 정도라고 하니, 원오극근은 일본 다도의 원류로 추앙받고 있는 셈이다.

그 스님을 따라 동물원에 들어가 한참을 걸어 원오의 탑묘에 도착했다. 큰 대문에 '원오선사묘'라고 쓰인 편액이 걸려 있다. 스님께서 문을 두들기자, 노스님 한 분이 문을 열어주었다. 동물원 내에 원오의 묘가 있다 보니, 일반인들이 드나들 수 있는 곳이 아니라, 한 승려가 그 묘를 지키고 있고, 찾아오는 이들에게만 공개하는 것으로 보인다.

원오 선사의 묘는 일반 한국처럼 봉묘로 되어 있고, 그 앞에 원오 선사의 약력이 쓰인 제막비가 세워져 있다. 너무 많은 비가 쏟아져 유심히 살펴볼 여유도 없었다. 묘를 몇 바퀴 돌며 사진 두어 장 찍은 뒤 이곳을 나왔다. 비가 와서 고생은 되었지만 원오의 사리탑묘에 예배할 수 있었다니 천만다행이다. 일단 비를 많이 맞았으니 빨리 숙소로 돌아가 몸을 말려야겠다.

현명한 공명과 불운의 시인 두보
─ 성도成都 무후사와 두보초당

낙엽은 쓸쓸히 지고, 끝없는 양자강은 힘차게도 흘러온다.
만리타향 서러운 이 가을에 언제나 나그네 노릇
평생 동안 병 많은 이 몸, 홀로 누대에 오른다.
모진풍파 고달픈 한에 귀밑머리는 더욱 세어진다. ─두보

　　오늘 밤 자정 넘어 내일 새벽 1시에 서울행 비행기를 탄다. 오늘 성도에서의 마지막 하루를 보내는 날이다. 내 고국으로 돌아가건만 기쁨도 없다. 며칠만이라도 더 머물고 싶은데, 돌아가야 하는 상황이다. 한국에서 나를 기다리는 사람도 없고, 반겨줄 이도 없건만 돌아가야 한다. 구속된 틀 속에 살고 있는 것 자체가 싫지만, 그래도 어쩔 것인가? 인생이란 자의 반 타의 반 구속의 연속 속에 살아갈 수밖에 없는 존재임을 받아들여야 하리라.

　　나는 승려지만, 꼭 불교 책만 고집하지 않는다. 《삼국지》나 《수호지》를 비롯해 중국역사 속에 등장하는 영웅이나 문인·철학자에 관한 책을 자주 접한다. 전공이 중국과 관련되기도 하지만, 법문을 할 때나 글을 쓸

때 인용하거나 도움이 되기 때문이다.

한편 그들의 인생을 통해 또 다른 삶의 양상을 배우기도 한다. 삶의 완성을 향한 치열한 구도 자세, 학문하는 마음가짐, 아랫사람을 다룰 줄 아는 능력, 그들만의 의리와 우정을 통해 많은 것을 느끼게 한다. 이런 인물 가운데 존경하는 사람은 《삼국지》에 등장하는 관우와 제갈공명이다.

촉나라는 제갈공명이 아니었다면 유비가 나라를 건국할 수 없었고, 황제로 등극하는 일조차 불가능했을 것이다. 현재 사천성 사람들은 촉나라 황제였던 유비보다 제갈공명을 더 존경한다. 이 점은 제갈공명이 그만큼 훌륭한 정치가이자 책략가이기도 하지만, 인간적인 사람이기 때문이다.

삼국시대 때, '가정街亭'이란 곳은 촉나라와 위나라의 중요한 길목이었다. 가정에서 촉나라와 위나라가 싸울 때, 제갈공명의 부하 '마속'이란 사람이 자신의 용맹만 믿고 제대로 싸우지 않아 촉나라에 큰 패배를 가져왔다. 이때 제갈공명은 군법에 따라 눈물을 흘리며 마속을 사형시켰지만 그의 혼을 달래주기 위해 제사를 지내고, 마속의 가솔들에게 그가 살았을 때와 똑같이 봉록을 내렸다.

한편 황제에게는 스스로 "자신이 부하를 잘못 다룬 과오도 있으니 자신의 벼슬을 깎아 내리게 하고, 신의 모자람과 그릇됨을 꾸짖어 달라."고 간곡한 청을 해서 벼슬이 3계급이나 떨어졌다.

또 한 번은 몇몇 사악한 사람들이 간사한 꾀로 제갈공명을 헐뜯으며 곤경에 빠뜨렸다. 후에 진실이 밝혀진 뒤, 황제 유비는 제갈공명을 해친

간신들을 귀양 보냈다. 이런 일을 당하고도 제갈공명은 그 간신들의 아들을 기용해 부친 대신 나라 일을 돌보게 하였다.

유비가 죽고 유비의 아들이 황제가 되었는데, 후주 황제는 허수아비 같은 군주였다. 유비보다는 겁약했으며 왕으로서의 위엄이 없었다. 제갈공명은 얼마든지 마음만 먹으면 황제 자리에 오를 수 있었는데도, 유비와의 의리를 지키고자 후주 황제를 충성스럽게 섬겼다. 당시 위나라 조조는 후한의 신하로서 황제를 제거하고 본인이 제위에 오르게 된 경우인데, 제갈공명의 처사와 비교될 수밖에 없다.

제갈공명이 죽고 그의 재산을 보니, 한 나라의 승상이었는데도 재산이 겨우 뽕나무 8백 주와 밭 쉰 고랑이 전부였다고 하니, 사천성 사람들이 어찌 그를 존경하지 않겠는가?

사천성 수도인 성도成都에 머물면서 《삼국지》에 등장한 인물들이 내 머릿속을 떠나지 않았다. 성도에 머무는 동안 불교 사찰은 아니지만 당연히 찾아가야 할 곳이 바로 제갈공명의 사당인 무후사武侯祠이다. 무후사는 서진시대에 세워졌다고 하니, 1,500년의 역사를 간직한 관광지다. 명나라 때는 제갈공명의 묘가 유비를 모신 한소열묘漢昭烈廟에 합병되었지만, 재건할 당시에 건물을 두 곳으로 나누어 세웠다. 황제(유비)와 신하(제갈공명)를 함께 기린 사당(무후사)은 중국에서 유일무이한 곳이다. 입구에 들어서면, 제일 먼저 유비를 기린 '유비전劉備殿'이 있고 안쪽으로 들어가야 '제갈량전諸葛亮殿'이 있다.

사천성 사람들은 제갈공명을 좋아하지만, 전반적으로 중국인들은

—01
　제갈공명의 사당인 무후사 입구

—02
　유비의 묘인 한소열묘이다. 공명을 기리는 사당과 합병되었다

—03
　유비(무후사에 모셔져 있는 상)

—04
　제갈공명(무후사에 모셔져 있는 상)

관우를 더 좋아한다. 관우는 중국인들이 신처럼 떠받들고, 사찰에서도 관우를 호법신으로 모시기도 한다.

《삼국지》의 유적 무후사를 한 바퀴 둘러 나오면서 이런 생각을 해본다. 시대적인 인물들이지만 작가의 필치로 묘사된 인간성과 처세가 중국민족에게 정신적인 지주 역할을 한다는 점이다. 곧 《삼국지》의 문학성이 후손들에게 훌륭한 본보기가 되고 있다는 뜻인데, 붓과 펜에 의해 탄생된 글의 위력이 얼마나 대단한지 새삼스럽게 실감한다.

상하이 대학 교수이자 작가인 위치우위(余秋雨)가 저서 《중국문화기행》에서 사천성 성도(成都)에 관해 이런 말을 하였다.

> "사천성 그곳은 멀리 동남쪽에 위치하여 대해와 멀리 떨어져 있지만 낭비하지 않고 애써 모으는 것만을 알뿐이어서 풍족하고 편안한 곳이다. 많은 준령이 성도를 에워싸고 있기에 비록 많은 충돌이 있었으나, 큰 재난이 없었으며 천리 사방을 붉은 피로 물들이는 전쟁도 없었다. 지리적으로 사천성은 오랜 세월 안전했기 때문에 대대로 이어진 유머가 여전히 살아 있고, 비교적 자극이 적었기 때문에 다양한 취미를 지니게 되었으며, 높은 산을 날아 넘고자 하는 갈망이 있었기 때문에 재능 있는 사람과 문학가들이 배출되었다."

사천성 성도는 중국 문명의 한 특징을 지니고 있다고 해도 과언이 아니다. 성도는 문화와 유서 깊은 역사, 문인들을 품고 있는 도시이다. 이 문인들 중에 중국 최고의 시인으로 꼽히는 두보杜甫(712~770)가 살았던 흔적이 있다.

'두보' 하면 늘 불운의 시인으로 떠오른다. 두보는 어릴 때부터 시를 잘 지었으나 변변한 벼슬자리 하나 없었다. 안사의 난 때는 포로가 되었다가 풀려나 말단직이나 다름없는 벼슬을 하였다. 또 이 벼슬직에서 좌천되어 중국 각지를 떠돌다 사천성 성도로 피난 왔다. 성도에 정착해 초당草堂을 짓고 살며 공부원외랑工部員外郎이라는 관직을 지냈다. 이후 두보는 사천성을 떠나 유랑하다가 동정호洞庭湖에서 59세를 일기로 세상을 떠났다.

무후사에서 차를 타고 10여 분 거리에 위치한 두보초당杜甫草堂으로 향했다. 두보는 그 초당에서 4년간 머물며 240여 편의 시를 남겼다. 두보가 살던 초당을 북송시대에 개조해 두보의 사당으로 건립하였다. 그것이 현재 두보초당이라는 이름으로 불린다.

두보는 살아생전 먹을 것, 입을 옷조차 변변치 못했고, 사는 주거지도 겨우 비바람만 막을 정도인 한국으로 치면 풀로 이은 띠집이나 다름없었다. 추위와 배고픔, 양반들의 굴욕에 힘겨운 삶을 살다갔지만 후손들은 그의 가난을 빌미로 '두보초당'이란 이름아래 관광 수입을 올리고 있다. 옛날의 두보만 불쌍하지, 그의 비참한 가난이 후손들에게 배를 불려주고 있는 셈이다.

두보는 어느 지역에 머물든 그 지역의 승려들과 교류하며 선사로부

두보의 초당이 있던 곳

두보초당 내에
모셔진 두보의 상

터 선을 배우고 수행하였는데, 두보가 성도 초당에 머물렀을 때 지척 거리에 있는 무상 대사와 만났을 가능성을 배제할 수 없다. 무상 대사가 762년에 열반했는데, 두보가 안사의 난(755~763) 때 성도에 머물렀으니, 연도를 계산해 보면 부합되기 때문이다. 두보가 깨달음을 추구했던 선시禪詩가 몇 편 있는데, 두 편만 소개한다.

• 어느 날 밤, 허십일許十一이 시 읊조리는 것을 듣고, 감탄하며 지었다
허씨는 일찍이 오대산에서 불교를 배운 사람으로
그의 고결한 수행은 분주의 석벽곡石壁谷으로부터 나온 것이라네.
나도 일찍이 이조혜가와 삼조승찬의 선을 배운 적이 있지만
이 몸은 여전히 선적禪寂에 집착해 얽매어 있을 뿐이라네.

許生五臺賓 業白出石壁
余亦師粲可 身猶縛禪寂

이 시에서는 두보가 '일찍이 배웠던 선은 참된 불법을 구하기 위한 것이 아니라, 현실로부터 도피하고자 하는 데서 기인된 것'임을 반성하고 있다. 그러면서 허씨의 진정한 불심에 감복해 하며 그의 수행을 흠모하고 있다.

또한 두보는 만년에 양자강 상류에 머물렀다. 그곳과 가까운 호북성 황매黃梅 쌍봉산(사조도신과 오조홍인이 머물렀던 산)의 선사들을 그리며 선을 추

구하는 시를 남겼다.

- 깨달음을 추구하며

몸은 쌍봉사에 맡기고

문(門)은 7조(七祖)의 선을 추구하네

돛을 내리고 옛날 생각을 따라

거친 베옷을 입고 부처님의 참된 진리를 추구한다네.

身許雙峰寺 門求七祖禪

落帆追宿昔 衣褐向眞詮

두보는 쌍봉산의 선사들과 7조를 오가며 선을 배우고 수행한 듯하다. 7조는 누구를 말하는지 정확히 알 수 없다.

나는 긍정적이고 통쾌한 시를 쓰는 이태백보다는 두보를 더 좋아한다. 학창시절 두보의 시를 통해 시적 영감을 얻을 수 있었고, 그의 시에 드러난 무상감을 통해 인생의 통찰력을 배웠기 때문이다.

다음 〈춘망(春望)〉은 두보가 757년 안사의 난 때 피난을 다니며 쓴 시이다. 이 시를 소개하며 이 글을 마치고자 한다.

- 춘망(春望)

나라가 망하니 산과 강물만 남아 있고

성 안 봄에는 풀과 나무만 푸름이 깊어 간다.

시절을 애상히 여기니 꽃까지 눈물 흘리게 하고

(처자와) 이별하였음을 슬퍼하니 새조차 마음을 슬프게 한다.

전쟁이 석 달을 이었으니

집 소식은 만금보다 값지도다.

흰머리를 긁으니 또 짧아져서

비녀를 이기지 못할 것 같구나.

國破山河在 城春草木深

感時花濺淚 恨別鳥惊心

烽火連三月 家書抵万金

白頭搔更短 渾欲不胜簪

2

한국의 구산선문

무상 대사는 엄숙하게 도량을 시설하여 스스로 단상에 올라가 설법하고, 먼저 소리를 내어 염불하도록 하고, 마음을 다하여 집중해 소리가 가늘어지면서 끊어지려는 무렵, 삼매에 들어 무념의 경지에 들게 하는 방편으로 제자들을 지도하였다.

또한 법문할 때도 대중들이 일제히 염불하여 산란한 생각이 사라지고, 마음이 고요해질 때 법좌에 앉아 법을 설하였다. 무상 대사는 구칭염불하는 염불행자가 아니라, 단지 중생을 교화하는 하나의 방편으로 염불을 도입했다는 점이다.

1장 무상대사의 가르침

무상 대사의 가르침

무상 대사의 대표적인 선사상은 인성염불引聲念佛과 무억無憶 · 무념無念 · 막망莫妄인 3구三句 설법이다.

무상 대사는 매년 12월과 정월에 사부대중 백천만인에게 계를 주었다. 그는 엄숙하게 도량을 시설하여 스스로 단상에 올라가 설법하고, 먼저 소리를 내어 염불하게 하여 한 목소리의 숨이 완전히 끊어지고 상념이 다할 때 다음과 같이 말씀하셨다.

"기억하지도 말고[無憶], 상념을 없애며[無念], 그리고 망상하지 말라[莫妄]."

무상 대사는 먼저 소리를 내어 염불하도록 하고, 마음을 다하여 집중해 소리가 가늘어지면서 끊어지려는 무렵, 삼매에 들어 무념無念의 경지에 들게 하는 방편으로 제자들과 불자들을 지도하였다. 또한 법문할 때도 대중들이 일제히 염불하여 산란한 생각이 사라지고, 마음이 고요해질 때 법좌에 앉아 법을 설하였다. 무상 대사는 타력보은他力報恩 관념이나 구칭염불口稱念佛하는 염불행자가 아니라, 단지 중생을 교화하는 하나의 방편으로 염불을 도입했다는 점이다[引聲念佛].

오조홍인의 제자 가운데 선집宣什(지선과는 도반) 스님은 '남산염불문선종'을 개창해 염불선念佛禪을 전개하였다. 또한 무상 대사의 스승인 처적과 지선에게서도 염불선 사상이 드러나 있다. 중국의 수많은 불교 종파가 당나라 말기부터는 명맥만 유지했고, 정토종과 선종만이 현대까지 번성하였다. 즉 송나라 초기에 법안종 영명연수(904~975)를 필두로 시작해 명나라 때로 접어들어 선禪과 정토淨土를 하나로 보는 선정일치禪淨一致가 점차 선사들에게 확대되었으며, 현재까지 그 사상은 이어지고 있다. 대표되는 선사가 바로 명나라 때의 운서주굉(1535~1615)과 감산덕청(1546~1623)이다. 근현대로 들어와서는 허운虛雲(1840~1959) 스님에게서도 드러나는데, 허운은 염불시수念佛是誰(염불하는 자는 누구인가?) 공안을 강조하였다.

무상 대사의 인성염불은 염불선이라고 하는 궤도에서 크게 벗어나지 않지만 염불선과 같은 수행법이라고 하기에는 적합지 않다. 아미타불을 염하든 관세음을 염하든, 석가모니불을 염하든 사람의 목소리에서 나오는 말(언어)이나 어떤 상(像)에 의미가 있는 것이 아니다. 깨달음을 이루기 위한 방편으로 삼았던 것이 바로 말이었고 언어였다. 단지 부처를 염함으로써 자신의 청정한 자성 자리에 입각한 본성을 자각하기 위한 것이 무상 대사가 주장하는 인성염불의 뜻이다. 바로 이 점은 무상 대사의 독특한 수행법이요, 중생 교화의 방편이다. 무상 대사의 대표적인 선 사상인 무억과 무념, 막망에 대해 간단히 살펴보자.

무억(無憶)은 과거에 대한 상념이나 바로 이전의 모든 생각들은 스쳐 지나는 번뇌이므로 기억하지도 생각지도 말라는 것이다. 또한 미래에 대한 갈망이나 집착까지 갖지 말라는 뜻이다.

무념(無念)은 현재에 일어난 삿된 생각들, 그 망상이 사라진 자리에 자신의 청정 자성인 근원처에 입각해 집중하여 삼매가 현전한 것이 무념이라고 할 수 있다.

막망(莫妄)은 외부 경계에 끄달리지 않고, 마음속에 삿된 생각을 제거할 뿐만 아니라 늘 깨어있는 자세를 가질 것을 강조한 것이라고 볼 수 있다.

초기경전《중아함경》에 부처님의 이런 가르침이 있다. "과거를 쫓지 말고, 아직 오지 않은 미래에 염려하지 말라. 과거는 이미 지나갔고, 미래는 아직 오지 않은 것. 오로지 현재 일어난 것들을 관찰하라. 어떤 것에도 흔들리지 말고, 그것을 추구하고 실천하라." 또《잡아함경》에서도 부처님께서는 "지나간 일에 근심하거나 걱정하지 않고, 앞으로 생기지도 않은 일에 마음 쓰지 않으며, 현재에 자각하는 그대로, 있는 그대로

바른 지혜로 사띠(sati, 念)를 유지하라."고 말씀하셨다.

바로 이와 같이 무억無憶·무념無念·막망莫忘은 과거의 생각이나 상념에 사로잡히지 않고, 현재의 시점에서 늘 깨어있는 자세로 임하는 것이다. 그 깨어있는 자세를 유지하기 위해 필요한 방편으로 무상 대사는 염불을 도입했다고 볼 수 있다.

무상 대사는 이 3구를 수행차원에서 계戒·정定·혜慧의 삼학에 배대하였다.

> "기억하지도 않는 무억은 계율의 문이고, 상념이 없는 경지는 정定의 문이며, 그리고 잊어버리지 않거나 혹은 망념이 일어나지 않는 막망은 지혜의 문이다. 이 3구를 총지문總持門이라고 한다. 특히 3구 가운데 무념은 계율·선정·지혜의 삼학을 모두 구족한다. 과거·미래·현재의 수많은 부처님들도 이 문門으로 깨달았으며 달리 다른 문이 있을 수 없다."

불교에서는 수행자들에게 계戒(sīla), 정定(samādhi), 혜慧(paññā) 삼학을 강조한다. 계를 철저히 지킴으로써 삼매가 생겨나며, 삼매를 바탕으로 지혜를 얻는다고 하는 체계는 곧 팔정도八正道이다. 이렇듯이 무상 대사의 가르침에는 초기불교에서 강조하는 수행 방법과 유사함을 엿볼 수 있다. 다음은 무상 대사가 설한 인용구이다.

"번뇌 망상이 일어나지 않는 것은
마치 거울 표면에 수만 가지의 상을 비추는 것과 같고,
망념이 일어나는 것은
마치 거울 뒷면이 아무것도 비추지 못하는 것과 같다.
망념이 일어나면 일어났음을 분명히 알고,
망념이 사라지면 사라졌음을 분명히 알아야 한다.
그 앎[無念]이 단절되지 않았을 때에 부처님을 만나게 된다."

인용문에서 무상 대사가 '망념이 일어나면 일어난 줄을 분명히 알고, 사라지면 사라진 줄을 확실하게 알라'고 한 이 부분은 위빠사나 사념처 四念處(身·受·心·法) 수행 가운데 심념처心念處 수행과 같은 차원이라고 볼 수 있다.

심념처心念處란 생각하는 모든 것은 마음의 활동이라고 한다. 스스로에게 잠시도 쉬지 않고 생각생각 알아차릴 것을 일깨우는 것이 심념처 수행이다. 스쳐 지나는 하나의 작은 생각들은 번뇌를 만들어내기도 한다. 그래서 생각하고 있음을 알면 생각에 주의를 기울이고, 그 생각을 인식하며, 생각은 생각일 뿐이라고 자신에게 일깨워야 한다. 무상 대사가 말하는 앎(알아차림)이 단절되지 않아야 부처를 볼 수 있다고 하듯이 생각이 일어났을 때, 그 일어난 줄을 알아차릴 줄 아는 근원자리가 바로 무념無念의 자리요, 깨달음의 근원인 것이다.

무상 대사는 번뇌 망상이 일어난 자리를 아는 것에 대해 예를 들어

설명했다. 두 사나이가 타국으로 여행을 갔다. 두 남자의 아버지는 각각 아들들에게 편지를 보내어 훈계를 하였다. 한 남자는 훈계에 따라 나쁜 행동을 하지 않았고, 다른 한 사람은 악행을 저질렀다. 이처럼 일체중생이 번뇌 망상을 일으키지 않는 것은 아버지의 말을 잘 따르는 효자와 같다는 것이다.

또 무상 대사는 이런 예를 들었다. 술에 취해 자고 있는 남자와 같다. 모친이 와서 불러 깨워서 집으로 데려 가려고 해도 아들은 술에 취해 있었기 때문에 모친에게 소리를 지른다. 일체중생이 무명번뇌라는 술에 취하여 자신의 본성에 입각해 견성성불하려고 하지 않는다. 그러면서 무념無念과 망념妄念을 구분하여 "망념이 없는 것이 곧 진여문眞如門이며 망념이 있는 것은 생멸문生滅門이다."라고 강조하셨다.

또 이어서 "무늬 비단은 본래가 명주실이다. 무늬(문자) 따위는 원래 있지 않다. 방직공이 짜는 데에 따라 무늬(문자)가 생겨난 것이다. 다시 풀어헤치면 본래의 명주실로 돌아간다. 명주실은 불성, 무늬(문자)는 망념으로 비유된다. 물결(파도)을 떠나서 물이 없고, 물을 떠나서 물결이 없다. 물결(파도)은 망념, 물은 불성으로 비유된다."

여기서 살펴본 바와 같이 무상 대사가 설하는 3구 가운데 무념無念이 중심이 된다. 위빠사나에서는 바로 현재, 이 순간에 알아차림(念. sati)을 두고 있어야 하는데, 과거로 돌아가지도 말고 미래에도 머물지 말 것을 강조하기 때문이다. 굳이 초기불교 수행만이 아니라 대승의 선사상도 이를 벗어나지 않는다. 무상 대사가 제시하는 무억・무념・막망은 결국 과거의 어떤 것에도 구애받지 않고, 미래의 일어날 일에도 걱정하지 않는 현재 마음에 두어야 하며, 그 마음이란 청정한 본성이요, 자성에 입각해야 한다.

돈황 문서들 가운데 〈무상오경전無相五更轉〉이 있다. 〈무상오경전〉은 런던박물관에 보관되어 있는 돈황 문서 스테인 콜렉션(S.6077호)에서 나온 것이다. 이 〈무상오경전〉은 번뇌에서부터 깨달음에 이르기까지의 경계를 표현한 무상 대사의 게송이다.

오경전五更轉이란 중국 선사들의 게송과 법문이 어우러진 것이라고 할 수 있다. 법문이라기보다는 당시 유행하던 민요에 깨달음의 게송을 읊은 것이다. 오경五更이란 하룻밤 시간을 5등분한 것인데, 어두웠던 날이 점차 밝아지듯이 번뇌와 무명에서 깨달음으로 향하는 정도와 순차를 표현해 놓은 것이다.

즉 천淺(얕은) · 심深(조금씩 깊어가는) · 반半(얕지도 깊지도 않은) · 천遷(깊은 곳으로 옮겨가는) · 최催(닥쳐오는, 가까이 가는)이다. 전轉은 어둠에서 밝음으로 전환, 즉 무명에서 깨달음으로 차츰 차츰 발전되어 가는 것을 의미한다.

- 일경천一更淺

여러 가지 망념과 모든 인연을 어떻게 사라지게 할 것인가!
오로지 정관正觀에만 의지하고, 망념을 잊어버리면
한 찰나에 진여眞如가 나타난다.

衆妄諸緣何所遣

但依正觀且忘念

念念眞如方可顯

- 이경심二更深

보리의 묘한 이치를 찾아야 한다고 맹세하고

맑은 허공을 꿰뚫어 청정한 데 머물면

여여한 평등심을 증득한다.

菩提妙理誓探尋

曠徹淸虛無去住

證得如如平等心

- 삼경반三更半

숙세부터 지금까지 살면서 지은 번뇌와 어리석음을 끊고

먼저 과거와 미래의 원인들을 제거하며

뗏목 비유를 거울삼아 피안으로 건너세.

宿昔塵勞從此斷

先除過去未來因

伐喻成規超彼岸

- **사경천**四更遷

선정과 지혜를 함께 닦아 모든 얽힘을 벗어나

색공의 이치를 깨달아 알고, 청정한 본체를 요달하면

맑고 맑은 계율의 달이 청정한 하늘에 비추는 것과 같도다.

定慧雙行出蓋纏

了見色空圓淨體

澄如戒月瑩晴天

- **오경최**五更催

부처님 광명의 빼어난 미묘한 경계여!

사선정을 뛰어넘어 공적한 곳에 이르러야

일념에 상응해 여래를 친견하네.

佛日巍然妙境界

過透四禪空寂處

相應一念見如來

평상심시도(平常心是道)는 평범한 일상생활 속에 언제 어디서나 자기의 주체성을 잃어버리지 않고 자각적인 삶을 일구어 나가는 지혜의 법문이다. 당나라 시대, 선사상에서 가장 중시되었던 것은 인간중심의 사상과 인간의 주체의식이 강조되었는데, 이 인간중심 사고를 가장 잘 대변할 수 있는 선사상이 바로 평상심이 도이다.

2장 마조 선사의 가르침

평상심이 도

평상심시도平常心是道는 평범한 일상생활 속에 언제 어디서나 자기의 주체성을 잃어버리지 않고 자각적인 삶을 일구어 나가는 살아있는 지혜이다. 당나라 시대, 선사상에서 가장 중시되었던 것은 인간중심의 사상과 인간의 주체의식이 강조되었는데, 이 인간중심 사고를 가장 잘 대변할 수 있는 선사상이 바로 '평상심이 도'이다.

다음은 마조의 평상심에 관한《전등록》에 전하는 법문이다.

"도道는 수행을 필요로 하지 않는다. 다만 더러움에 오염되지 않도록 하라. 무엇을 가지고 오염이라고 하는가? 다만 생사심生死心을 염두에 두고 조작해 취하려는 것이 모두 오염이다. 만약 도를 알고자 한다면 '평상심이 바로 도'인 줄을 알아야 한다. 평상심이란 임의로 조작하는 것이 없는 실상 그대로를 말하며, 시문·비非, 선택하고 버리는 것, 영원함과 무상하다고 하는 이분법적인 편견이나 집착이 없는 것을 말한다. 또한 범부라고 할 것도 없고 성인이라고 할 것도 없는 것을 이른다. 경전에서는 '범부의 행도 아니요, 성현의 행도 아닌 이것이 보살의 행이다.'라고 하였다. 다만 지금과 같이 행주좌와, 그리고 어떠한 동작을 취하거나 움직이는 모든 것이 도이다. 그렇기 때문에 '도'라고 하는 것은 법계法界를 말한다. 갠지스강가 모래의 묘용妙用도 이 법계를 벗어나지 않는다. 만약 그렇지 않다면 어떻게 심지법문心地法門이라 할 수 있으며, 어떻게 무진등無盡燈이라고 할 수 있을 것인가?"

　평상심은 인간의 평범한 그 마음을 지칭하는 것으로 자성이 청정하고 본래 구족되어 있는 마음이다. 즉 단순한 평상시의 마음이 아니라 남·녀, 옳고 그름, 영원과 무상함, 선과 악, 아름다움과 추함이라고 하는 이분법적으로 나누어진 마음이 아니며, 깨닫지 못한 범부라고 할 것도 없고 깨달은 성현이라고 할 것조차 없는 그 마음을 지칭한다. 따라서 이런 평상심, 그 자체가 곧 부처[卽心是佛]이므로 수행을 필요로 하지 않는다[道不用修]라고 한다.

　마조는 일상적인 삶의 구석구석 생활 속에서 불성을 보기를 주장하였다. '평상심시도'는 본래 자성이 청정하고 구족되어 있는 불성이며, 다시 새롭게 수행을 완성시킬 필요가 없으므로 "도는 수행을 필요로 하지 않는다. 단지 오염시키지 말아야 한다. 생사심을 내고 조작해 취하려고 하는 마음이 모두 오염인 것이다."라고 정의한다.

— 중국에서 구입한 필자의 소장용 부채. '평상심'이라는 문구가 쓰여 있다

마조가 말하는 평상심은 《기신론》 사상으로 보면, 본각本覺사상에 입각한 자성 청정한 마음이요, 닦아서 부처를 이루는 것이 아닌 깨달은 상태의 돈오頓悟에 입각한 마음이다. 곧 자성이 본래 구족되어 있기 때문에 선과 악의 경계, 옳고 그름, 바르고 삿됨이라는 이분법적 분별심만 없다면, 그 자체가 도가 닦아져 있는 것이요, 바로 평상심인 것이다. 그래서 '평상심이 도'라고 하는 것이다. 이렇게 본래 청정한 마음이기 때문에 수행을 방편으로 하지 않는다. 마조는 본래부터 내재한 불성을 그대로 지견知見하면 깨달을 수 있으니 수행이 필요치 않다고 말씀하신 것이다.

그러나 도를 닦지도 말고 좌선하지 말라고 해서 증오證悟할 불성이 없다고 하는 것이 아니다. 먼저 본래성불로 무생법인을 갖추고 있으므로, 다만 오염시키지 말라는 끊임없는 정진과 실천 사상이 담겨 있음을 간과해서는 안 된다. 오염이란 바로 조작한다거나 옳고 그름을 판단하는 인위적인 분별심, 그릇된 번뇌 망상을 말하기 때문이다. 따라서 오염시키지 않는 것이 바로 도불용수道不用修이다.

이와 같이 마조는 원래부터 인간 그 누구라도 구족하고 있는 '자성청정심'이라는 철저한 본래성의 자각을 견지하고 있음을 알 수 있다. 마조의 '평상심시도' 사상은 후대에 평소의 생활 속에서도 얼마든지 수행한다고 하는 일상성의 선으로 정립되었고, 노동하는 속에서도 수행이 겸비된다고 하는 수행=노동 사상으로 발전되었다.

마음이 곧 부처

마음이 곧 부처[卽心是佛]는 평상심이 도[平常心是道]와 함께 마조의 대표적인 선사상이다. '즉심시불'은 마조 이전에도 선사·학자들로부터 자주 회자되었으며 수행의 방편이었다. 방편에 불과했던 즉심시불이 마조의 사상으로 구축되면서 조사선의 실질적인 기반이 되었고, 선종 발달에 지대한 영향을 끼친 선사상이다. 또한 한국과 일본을 비롯해 동아시아 선종에까지 그의 수행관이 녹아 있으니 즉심시불은 불교사에 큰 쟁점을 이루었다고 해도 과언이 아니다.

다음은 《전등록》의 내용이다.

"각자 자신의 마음이 부처이며, 마음 그대로가 바로 부처라는 사실을 확신하라. 달마 대사가 남천축국으로부터 중국에 와서 최상의 마음법을 전해 주어 그대들로 하여금 깨닫도록 하였다. 또《능가경》을 이끌어서 중생의 심지心地를 드러냈다. 그대들이 전도되어 마음법이 각자에게 있는 것임을 믿지 않는 것이 염려스러울 따름이다."

마조가 한 제자에게 이렇게 가르침을 주고 있다.

"네가 진리를 알지 못한다고 하는 그 마음, 다시 다른 것이 없다. 알지 못하는 때가 곧 미혹이요, 아는 때가 곧 깨달음이다. 미혹하면 곧 중생이요, 깨달으면 불도佛道이다. 그리하여 중생을 여의고 따로 부처가 있는 것이 아니다. 마치 손을 쥐면 주먹이 되고, 다시 펴면 손이 되는 것과 마찬가지이다."

《유마경》에서 말하는 생사즉열반生死卽涅槃, 번뇌즉보리煩惱卽菩提, 미오불이迷悟不二와 같은 의미를 담고 있다. 손을 편 손바닥이 부처요, 주먹이 중생이라고 한다면 손(=心)이라는 마음자리에 부처와 중생, 번뇌와 보리, 생사와 열반의 두 가지를 다 가지고 있는 것이다. 손바닥과 주먹이 하나이듯이 결국 마음자리에 부처와 중생이 함께 공존하는 것이며 번뇌와 보리를 동시에 갖추고 있다. 앞의 '진리를 알지 못하는 마음'은 즉심卽心이요, 이 마음은 곧 부처[是佛]인 것이다.

또한 마조는 어느 승려가 와서 "부처란 어떤 존재인가?"를 묻자, 마조는 "즉심시불"이라고 하였다. 이어서 "도는 무엇이냐?"라고 묻자, "무심[無心]"이라고 답하였다. 다시 "부처와 도는 얼마만큼 떨어져 있느냐?"라고 묻자, "부처는 펼친 손이요, 도는 주먹이다."라고 답하였다.

《금강경오가해》에 "당당한 대도이므로 밝고 분명하다. 사람마다 제각기 본래부터 갖추고 있으며 저마다 다 이루어져 있네[堂堂大道 赫赫分明 人人本具 箇箇圓成]."라고 하였다. 즉 중생 그대로가 부처이므로 닦을 것도 없고, 증득할 것도 없는 것이다[無修無證]. 번뇌를 털어내어 부처의 성품이 드러나는 것이 아니라, 본래 부처인 자기 성품을 바로 보라는 것이다.

평상심이라는 것은 그러한 마음의 전체이며, '미혹이다, 깨달음이다'라고 하는 분별심조차 없는 것이다. 즉 그 어느 쪽으로도 치우치지 않는 바로 그것이며, 미혹과 깨달음이 결국 손등과 손바닥을 동시에 가진 손이라는 것을 분명히 아는 일이다.

달마의 안심[安心] 법문은 미혹과 깨달음이 한 바탕에서 나오는 것임을 단적으로 보여주는 예다. 혜가가 달마에게 마음이 괴로운데 편안케 해 달라고 했을 때, 달마는 혜가에게 "그 마음을 가져오너라. 그러면 편안케 해 주리라."고 하였다. 이러한 문답은 이조혜가와 삼조승찬과의 문답에서도 같은 연장선상에 있다. 삼조승찬이 스승(이조 혜가)께 찾아와 예를 올리고 물었다.

"저는 오래전부터 풍병을 앓고 있습니다. 스님께서 참제해 주십시오."

― 천동사(절강성 영파) 법당 내에 위패처럼 모셔져 있는 즉심즉불 문구

"죄를 가지고 오너라. 그러면 죄를 없애 주리라."

거사(승찬)가 잠시 말이 없다가 말했다.

"죄라는 것을 찾을 수가 없습니다."

"그대의 죄는 벌써 참제되어 마쳤다."

이와 같이 달마 이래로 선사들은 안심인 그 자체, 마음이 곧 부처[卽心是佛]요, 불성을 가진 존재라는 것을 시사하고 있다. 달마가 혜가에게 괴로운 마음을 가지고 오라는 것이나, 마조가 제자에게 '다만 지금 말하는 것이 너의 마음이다', '알지 못한다고 하는 마음, 그것이 부처 자리이다' 등 가지가지로 표현한 것이 즉심시불로 귀결된다.

그러므로 본래의 그 마음을 떠나서 도를 이룰 수 있는 것이 아니며 마음을 여의고서 부처를 구할 수 있는 것이 아니다. 부처인 성품을 원래 가지고 있건만 외부로 치달려 밖에서 부처를 구하려고 하기 때문에 마조는 제자들에게 '밖에서 구하지 말라'고 강조한 것이다.

마조는 여러 대승경전에 의거하여 제자들에게 수행법을 설하였지만 즉심시불을 교조화 하려거나 기록을 남기려고 하지 않았다. 마조가 즉심시불이라고 설한 의도는 제자들을 깨달음으로 이끌기 위한 일상적인 말이며, 그 때와 그 상황, 그 사람에 맞추어 제도한 방편설이다. 마조의 즉심시불과 비심비불 사상을 단적으로 알 수 있는 유명한 이야기가 있다.

어느 승려가 물었다.

―마조의 사리탑이 모셔져 있는 보봉사(강서성 정안) 삼문식 패방 옆 담벼락에 '즉심시불 비심비불'이 쓰여 있다

"화상께서는 어찌하여 '마음이 곧 부처'라고 설하십니까?"
"어린 아기의 울음을 그치게 하기 위해서다."
"울음을 그치면 어떻게 합니까?"
"마음도 아니고 부처도 아니다."
"이 두 가지를 제외하고 다른 사람이 오면 어떻게 하시겠습니까?"
"그에게는 어떤 것도 아니다[不是物]라고 하겠다."
"바로 그런 사람이 오면 어떻게 하시겠습니까?"
"그에게 대도大道를 손에 쥐어 주도록 하겠다."

이 비유를 '황엽지제전黃葉止啼錢'이라고 한다. 아이의 울음을 멈추게 하기 위해 낙엽을 반짝거리게 해 황금이라고 속여 달랜다는 뜻이다. 맨주먹을 보이며 좋은 것을 주겠다고 하는 눈속임과 같다. 울음을 그친 아이에게는 황금 낙엽이 필요 없다. 마조는 또 그런 사람을 위해 마음도 아니고 부처도 아니다[非心非佛]라고 설한다.

즉심시불이라고 하는 것도 우는 아이를 달래기 위한 것이다. 울기 때문에 본래 부처라고 하는 것이다. 아기는 원래 착한 아이도 나쁜 아이도 아닌, 단지 아기일 뿐이다. 실은 상대가 울지 않으면 '아가야! 너는 착한 아이다'라고 말할 필요도 없다.

즉심시불이니 비심비불이니 하는 따위의 언설에 집착하지 말 것을 염두에 둔 것이다. 진실한 부처는 눈으로 볼 수 있는 것도 아니고, 언어로 표현할 수도 없기 때문이다. 하지만 문자는 진리를 전달하는 방편으로써 꼭 필요한 존재이다. 곧 즉심시불이나 비심비불이나 모두 선교방편善巧方便에 불과할 뿐이며 자신의 마음이 아닌 다른 곳에서 구하려고 하는 이들을 경책하기 위한 설이다.

따라서 즉심시불이 그대로 비심비불이요, 마음도 부처도 모두 반짝거리는 낙엽에 지나지 않는다. 그리하여 '마음이다, 부처다'라고 할 수도 없으며, '마음도 아니요, 부처도 아니다'라고 말할 필요조차 없다. 바로 어떤 것도 아닌 것이다[不是物]. 어떤 고정된 것을 두고 '부처이다, 마음이다'라고 지칭할 것도 없다. 어떤 것에 집착해서 그것만이 부처라고 한다면, 수행의 참된 뜻을 잃어버린 것이다.

마조가 어떤 때는 즉심시불이라고 말하고, 또 어떤 때는 비심비불이라고 말한 것은 마조의 가르침이 그때 당시의 상황에 맞추고 제자들의 근기에 맞춰 설한 것에 불과하기 때문이다. 그런데 마조가 열반한 후, 제자들 중에는 즉심시불이라는 교설을 정설로 받아들이고, 이에 집착하는 이들이 생겨났다. 마조의 몇몇 제자들은 즉심시불의 폐단을 바로잡고자 노력했다.《조당집》에 즉심시불을 금과옥조로 삼는 이들에 대한 비판의 글이다.

"마조가 세상을 떠난 후부터 항상 일을 좋아하는 사람들이 마조의 말씀을 기록하고 그 말의 본뜻을 깨달으려고 하지 않고 즉심시불 이외에는 다른 설이 없다고 주장하는 사람들이 많다. 일찍이 스승의 경계에도 미치지 못하면서 오로지 그 발자취만을 따르는

구나! 도대체 부처가 어디에 있기에 곧 마음이라고 하는지 모르겠다. 마음은 그림을 그리는 화가와 같을 뿐이다. 부처를 욕되게 하는 것이 매우 심하구나. 마음은 부처가 아니고 지혜는 바로 도가 아니다. 검을 잃어버린 지 오래인데, 이제서야 뱃전에 표시를 하는가."

마조가 즉심시불이니 비심비불이니 하는 것도 방편설에 불과하건만 임시방편설을 참된 진리라고 착각하는 이들에 대한 비판이다. 즉심시불의 본 의미를 모르는 사람은 마치 배에서 검을 빠뜨린 지 오래인데, 그 뱃전에 표시를 하고 검을 그곳에서 찾는 것이나 다름없다는 것이다.

달마가 오든,
부처가 오든 상관할 바가 아니다.
너는 누구냐?
—조사서래의祖師西來意에 대한 다양한 방편

수로水老가 처음으로 마조를 찾아와 물었다.
"달마조사가 서쪽에서 오신 뜻이 무엇입니까?"
마조는 대답 대신 수로에게 절을 하라고 하였다.
수로가 막 절을 하려는 순간, 마조는 발길질로 수로를 걷어찼다.

분주무업汾州無業이 마조에게 물었다.
"스님, 달마가 서쪽으로부터 이 땅에 와서 무엇을 전하고자 한 것입니까?"
"그대가 강사라는 것을 알고 있네. 정말 소란스럽군. 우선 갔다가 다시 찾아오게나."

대매법상大梅法常이 마조에게 물었다.

"어떤 것이 조사의 뜻입니까?"

"자네의 마음이 바로 그것이네."

늑담법회泐潭法會가 마조에게 물었다.

"스승님, 조사가 서쪽에서 오신 저의가 무엇입니까?"

다짜고짜로 법회를 한 대 쥐어박으면서 이런 말을 하였다.

"자네를 때리지 않는다면, 여러 선지식들이 나를 비웃을 걸세!"

— 중국 선방 스님들의 참선하고 있는 모습과 포행 도는 모습

어느 승려가 마조에게 물었다.

"달마조사가 서쪽에서 오신 뜻이 무엇입니까?"

"지금 자네는 어떤 의도인가?"

여기서 조사는 달마 선사를 가리키는데, 단순히 어구적인 해석을 의미하는 것이 아니다. '조사'라는 말속에 '선禪의 본질은 무엇이냐?', 수행하고자 하는 '그 마음의 본질이란 무엇이냐?'는 뜻을 내포하고 있다. 바로 이런 전제 아래 조사라는 용어를 사용하면서 수많은 선사들이 선문답을 하고 있다.

마조의 제자들도 이 '조사서래의祖師西來意'를 통해 선의 본질을 알고자 하였으나 마조는 제자들에게 친절한 답변을 하지도 않았고, 통일된 답변도 없었다. 달마가 오든, 부모가 오든, 스승이 오든, 설령 부처가 오더라도 그것이 너의 상관할 바가 아니라는 것이다.

달마가 온 뜻을 묻고자 했을 때, '너의 그 묻는 의도인 마음이 무엇인가?'를 자각하는 데 우선을 두라는 것이다. 제자들에게 구구절절하게 가르침을 주는 것이 아니라, 그 묻고 있는 현 자신을 살피라는 마조의 간명직절한 언행을 사용한 답변이다.

중국의 선종 사찰, 특히 허운(1840~1959) 스님이 머물던 사찰에 가면 염불시수念佛是誰라는 말이 법당 기둥에 붙어 있다. 염불시수는 '지금 부처를 염하고 있는 그 근본 마음자리가 무엇인가?'를 수시로 자각하라는 것인데, 바로 마조가 제자들에게 하고 싶은 의미와 같은 것이다.

마조의 고함 소리에 삼일 동안 귀가 먹었던 제자
―공안의 기원인 삼일이롱

큰스님들이 제자의 마음을 깨닫도록 하기 위해 소리[喝]를 지르기도 하고, 방망이[棒]를 사용하기도 한다. 이는 선사가 제자의 그릇된 견해와 집착을 없애기 위해 고성으로 질타하는 것이며, 언어와 사유가 미치지 못한 경지를 보이기 위한 접화 수단이다. 선종에서 방망이를 주로 사용한 선사로 덕산(782~865)을 꼽고, 할[喝]을 사용한 대표 인물로 임제(?~866)를 말한다. 그러나 할과 방을 처음으로 활용한 선사는 임제의 증조뻘인 마조이다. 할을 사용한 예가 마조에게서 비롯되었다고 하는 유명한 일화가 《마조어록》에 전한다.

백장이 마조 선사를 모시고 있을 때의 일이다.

백장은 법상 모서리에 있는 불자(拂子)를 보고 마조에게 물었다.

"이 불자에 즉(卽)해서 작용합니까? 아니면 이 불자를 여의고(離) 작용합니까?"

"그대가 먼 훗날 법을 설하게 되면 무엇을 가지고 대중을 위해 지도하고, 어떻게 그들을 깨달음으로 인도할 것인가?"

백장이 대답 대신 불자를 잡아 세웠다.

마조가 이를 보고 물었다.

"그것(拂子)에 즉(卽)해서 작용하느냐, 아니면 그것을 여의고 작용하느냐?"

백장이 불자를 다시 제자리에 갖다 놓았다.

마조가 순간, '악!' 하고 고함을 질렀다.

백장은 마조의 고함 소리에 사흘 동안 귀가 먹을 정도였다.

이 기연(機緣)은 마조의 고함 소리에 백장이 삼일 동안 귀가 먹었다는 '삼일이롱(三日耳聾)'이라는 공안이다.

훗날 백장의 제자, 황벽이 백장에게 말했다.

"스님의 스승이신 마조 선사를 친견하고 싶습니다."

"마조 선사는 이미 돌아가셨다."

"마조 선사는 어떤 법문을 남기셨습니까?"

백장은 오래전에 마조가 자신에게 소리를 크게 질러 삼일 동안 귀가 먹을 정도였던 옛날이야기를 들려주었다.

이 이야기를 다 말한 뒤, 백장은 이어서 황벽에게 말했다.

"불법은 예사로운 일이 아니다. 내가 지난날 마조의 두 번째 할을 듣고 즉석에서 삼일 동안 귀가 먹고 눈이 멀었느니라."

백장의 이 말을 듣는 순간, 황벽이 깨달음을 이루었다는 일화가 전하는데, 이를 황벽토설黃檗吐舌이라고 한다.

마조가 소리를 지르는 방편으로 제자들을 지도했던 기연은 후세에 많은 선사들의 귀감이 되었다. 공안이 성립[간화선看話禪]되는 데 있어 기초적인 역할을 하였던 할喝·방棒으로 말미암아 선종이 더욱 더 고양되고 개발되었으니 마조가 선종사에 남긴 공적은 높이 살 만하다.

마조는 거사에게 육신이 어디 있는가를 물은 것이 아니다.
지금 마주서 있는 그 한 물건이 무엇인가를 묻고 있다.
이어서 마조가 육신의 나이를 물었는데
이 또한 육신의 나이를 물은 것이 아니다.
지금 자신의 나이라고 말하는 사람의
자성은 무엇인가라고 하는
본래면목을 되묻는 것이다.
이렇게 근기가 뛰어난 거사였기에
그 자리에서 깨달음을 이루었고,
죽을 때까지 수행을 게을리하지 않았다.

3장 마조 문하 제자들 이야기

나는 거꾸로 선 채 죽어야겠다
─ 등은봉

등은봉鄧隱峯은 생몰 연대를 정확히 알 수 없으나 《송고승전》, 《전등록》 등 여러 기록에 그의 이야기가 전한다. 등은봉이 810년 무렵, 오대산으로 가는 도중, 난을 일으킨 오원제가 관군과 싸움을 하고 있는 곳에 다다르게 되었다. 은봉은 살육전쟁을 막기 위해 주장자를 들고 양쪽 진영을 날아다녔는데, 이를 지켜보던 군사들이 스님께 감화되어 싸움을 그쳤다고 한다.

은봉은 처음 마조를 참방하고 깨달음을 얻지 못하자, 여러 선사들을 찾아 행각하였다. 다시 마조 문하에 들어와 마침내 마조에게서 깨달음을 얻었다. 다음 일화는《마조어록》에 전하는 일화이다.

어느 날, 은봉이 수레를 밀고 오는 것을 본 마조는 다리를 뻗고 앉아 길목을 막았다. 은봉이 말했다.

"스승님, 발을 움츠려 주십시오."

마조가 천연덕스럽게 말했다.

"한번 뻗은 다리는 절대 움츠리지 못한다."

이에 은봉이 대꾸했다.

"이미 나아간 것은 물러나지 않습니다."

말을 마친 은봉은 마조의 다리 위로 수레를 그대로 밀고 나갔다. 다리를 다친 마조는 도끼를 들고 법당으로 들어와 외쳤다.

"아까 내 다리를 상하게 한 놈이 어디 있느냐, 냉큼 앞으로 나오거라."

이에 은봉이 마조 앞에 나와 고개를 내밀자, 마조가 도끼를 내려놓았다.

은봉이 마조의 법을 받은 것은 8세기 후반으로 마조의 노년기에 해당된다. 마조 입적 후, 은봉은 여러 곳을 두루 행각하다가 오대산에서 입적했다. 은봉은 입적할 때 거꾸로 입적했는데, 열반할 당시의 일화가 《전등록》에 전한다.

죽음을 앞두고, 은봉이 제자들에게 물었다.

"옛날부터 지금에 이르기까지 앉아서 죽은 승려가 있느냐?"

"예."

"그럼, 서서 죽은 승려가 있느냐?"

"예."

"그렇다면 거꾸로 서서 죽은 승려가 있느냐?"

"없습니다."

"그래, 그럼 나는 거꾸로 서서 죽어야겠다."

그러고는 은봉은 물구나무 선 채 열반했다. 제자들이 입관하기가 어려워 애를 먹고 있는데, 은봉의 여동생 스님이 와서 은봉을 살짝 건드리며 말했다.

"오빠는 살아생전에도 괴팍한 행동을 많이 하더니, 죽어서도 이러십니까?"

그 말에 은봉은 바닥에 똑바로 누웠다고 한다. 이 이야기는 열반에 관한 재미있는 일화로 널리 회자되고 있다. 은봉의 생사해탈의 자재로움을 보인 모습이라고 보면 좋을 듯하다.

인생의 영광은
부처에게 선택되는 일
―오설영묵

오설영묵五洩靈默(747~818)은 명문가문의 유학자 출신으로 출가하게 된 인연이 독특하다. 《조당집》에 의하면 영묵은 과거시험을 보러 가는 길녘, 마조가 머물고 있던 홍주 개원사(현 강서성 남창 우민사)에 들르게 되었다. 영묵은 당시 마조가 유명한 선사로 알려져 있어 한번 뵙고자 하는 단순한 마음으로 개원사를 찾은 것이다. 마조와 마주앉게 된 영묵은 선사 앞에서 말문이 막혔다.

마조가 먼저 물었다.

"어디 가는 중인데, 여기에 들렀는가?"

"과거시험 치르러 장안에 가는 중입니다."

"수재(영묵)는 가까운 곳을 놔두고 너무 멀리 가는군!"

─위
하남성 남소 단하사 조사전에 모셔진 단하천연. 오른쪽은 방거사이다

─아래
방거사(단하천연의 상 옆에 모셔져 있음)

― 선불장이라고 쓰인 월정사의 편액

"그러면 이 근처에도 시험장이 있습니까?"

"눈앞에 부족한 것이 무엇이 있는가?"

영묵은 이런 인연으로 과거 길을 접어두고, 개원사에 출가하였다. 며칠이 지나 영묵은 마조에게 삭발하겠다고 말하자, 마조가 말했다.

"머리를 깎아 주는 것은 어려운 일이 아니네만, 자네의 일대사인연 大事因緣과는 별개의 문제이네."

앞 문구의 '시험장'이란 선불장選佛場을 말한다. 부처에게 선택[選佛]되는 일은 출가해 삭발하였다고 되는 것이 아니며, 스승이 책임져야 하는 일이 아니다. 오직 자신의 수행정진에 따라 부처에게 선택될 수 있다는 것이다. 이 선불장과 가장 밀접한 사람이 방온 거사이다.

방온龐蘊(?~808) 거사는 호북성湖北省 양양襄陽 사람으로 어려서부터 유학을 공부했던 사람이다. 어느 해, 단하천연과 과거시험을 보러가는 길녘에 한 선사를 만나 대화를 주고받는 도중 스님께서 이들에게 물었다.
"지금 두 분은 어디 가는 길입니까?"
"우리들은 과거시험 보러 갑니다."
"세속에서 명예를 추구하는 관리로 선택되는 것보다, 수행해서 부처에게 선택되는 것이 어떻겠습니까?"
"부처에게 선택되려면, 어떻게 해야 합니까?"
"마조라는 유명한 선지식이 있는데, 그 선사를 한번 만나 뵙지 않겠습니까?"
이 소리를 듣고 단하천연과 방거사는 과거시험을 단념한 채, 마조를 찾아갔다. '선불장'이라는 단어는 여기서부터 비롯되었고, 한국이나 중국 선방에 편액으로도 걸려 있다. 이후 단하천연은 출가 사문이 되었고, 방거사는 재가자로서 수행하여 후대에 재가자 수행에 족적을 남긴 인물이다.

스님을 만나지 못했더라면
일생을 헛되이 보낼 뻔 했군
―황삼랑 거사

황삼랑黃三郎 거사에 관련된 재미난 이야기가 《마조어록》에 전한다. 황삼랑은 서천西川에 살았는데, 두 아들을 모두 마조에게 출가시켰다. 거사는 출가한 아들들이 사찰에서 잘 적응하는지 걱정되어 두 아들을 찾아갔다. 거사는 두 아들이 별 탈 없이 수행을 잘 하고 있어 안심되었다. 거사가 스님들에게 말했다.

"옛 사람이 말하기를 나를 낳은 이는 부모요, 나를 완성해 주는 이는 벗이라고 했습니다. 두 스님은 나의 자식이지만, 출가자가 되었으니 나의 도반이 되어 이 늙은이를 잘 지도해 주십시오."

자식을 출가시키고, 본인도 수행코자 두 아들을 도반으로 보는 황삼랑이 대단한 기개를 가진 소유자라고 생각된다. 두 스님은 아버지를 마조에게 인도하였다.

마조가 황삼랑을 보자마자 거사에게 물었다.

"서천에서 여기까지 왔는데, 그대는 서천 땅에 있습니까? 여기 홍주(현 강서성 남창) 땅에 있습니까?"

"가정에는 두 가장이 없고, 나라에는 두 왕이 없습니다."

"그대는 몇 살입니까?"

"85세입니다."

"비록 그렇게 계산을 하였는데, 무슨 나이입니까?"

"만약 스님을 만나지 못했더라면 저는 일생을 헛되이 보낼 뻔 했습니다. 스님을 뵌 뒤에는 칼로 허공을 긋는 것과 같습니다."

마조는 거사에게 육신이 어디 있는가를 물은 것이 아니다. '지금 마주 서 있는 그 한 물건이 무엇인가'를 묻고 있다. 이어서 마조가 육신의 나이를 물었는데, 이 또한 육신의 나이를 물은 것이 아니다. '지금 자신의 나이라고 말하는 사람의 자성은 무엇인가?'라고 하는 본래면목本來面目을 되묻는 것이다. 이렇게 근기가 뛰어난 거사였기에 그 자리에서 깨달음을 이루었고, 죽을 때까지 수행을 게을리하지 않았다.

그는 또한 당시 유명한 강사였던 양좌주를 사교입선捨敎入禪(교를 버리고 수행의 길로 접어듦)케 하여 마조에게 인도하였다.

다음은 《조당집》에 전하는 이야기다.

황삼랑이 마조에게 말했다.

"제가 스님을 뵙지 못했더라면 일생을 어영부영 살다갈 뻔 했습니다. 이렇게 늘그막이라도 스님을 뵙고 공부를 할 수 있게 되었으니, 마치 칼로 허공을 베어버린 기분입니다."

마조가 말했다.

"거사님, 어디에서든 늘 진실 그대로[隨處任眞]임을 자각하면 됩니다. 서 있는 그 자리가 곧 참됨입니다. 모두가 자가의 본체입니다[非離眞而有立處 立處卽眞 盡是自家體]."

입처즉진, 수처임진은 생사 속에서 열반을 구하는 것이요, 번뇌 속에서 보리를 구하는 것이다. 이 현실을 떠나서 깨달음을 구할 수 있는 것이 아니다. 즉 현재 서 있는 그 자리가 참됨이요, 현실 그 자체가 진리의 삶인 것이다.

마음에 드는 물건이 있으면
마음대로 가져가시오

―담장

담장曇藏은 마조 만년의 제자로서, 마조가 열반하고 남악南岳 서원사西苑寺에 머물렀다. 담장의 일화가 《전등록》에 전한다.

담장은 개 한 마리를 키웠는데, 늦은 밤에 경행을 하면 개가 와서 옷을 물었다. 오랜 시간 경행했다는 뜻으로 알고 담장은 바로 방으로 들어가는 습관이 있었다.

어느 날 개가 문 옆에 엎드려 계속 짖었다. 이튿날 아침, 새벽에 공양간 앞에 큰 구렁이 하나가 나타나 입을 벌리고 독을 내뿜고 있었다. 사미승이 겁에 질려 있자, 담장이 말했다.

"죽음을 어찌 피할 수 있겠는가? 저 놈이 독을 뿜고 달려들면 나는 자비로운 마음으로 받아들인다. 독은 진실한 성품이 없어서 끓어오르면 강해지고, 자비는 인연을 가리지 않으니 원수와 친척이 같은 것이다."

이 말이 끝나자마자, 미물인 구렁이도 스님의 말에 감화를 받았는지 슬그머니 사라졌다.

어느 날 저녁, 암자에 도둑이 들었다. 개는 담장의 옷을 물더니 놓아주지 않았다. 선사는 무슨 변고가 생긴 것이라고 추측하고 주위를 살펴보니 도둑이었다. 담장이 도둑에게 말했다.

"누추한 암자까지 찾아오느라 고생이 많습니다. 혹 마음에 드는 물건이 있으면 마음대로 가져가십시오."

도둑은 스님의 말에 감동을 받고 절을 한 뒤 자취도 없이 사라졌다.

담장 스님 같은 자비와 무소유사상으로 평생을 일관한 승려들이 몇 분 있다. 한국의 혜월(1861~1937) 스님은 경허(1846~1912) 선사의 제자로서 삼월三月(혜월·만공·수월) 가운데 한 분이다.

어느 날 혜월 스님이 머물고 있던 정혜사에 도둑이 들었다. 쌀을 훔쳐 지게에 지고 도망가려던 도둑은 가마니가 무거워 쩔쩔매고 있었다. 이 모습을 지켜본 혜월 스님이 가만히 지게 짐을 올릴 수 있도록 도와주었다. 도둑은 얼떨결에 놀라 뒤돌아보았다. 이때 혜월 스님이 말했다.

"쉿, 아무 소리 하지 말고 어서 내려가게. 양식이 떨어지면 또 찾아오시게."

한편 무애도인으로 유명한 춘성(1891~1977) 스님의 이야기가 있다. 추운 겨울, 헐벗은 중생에게 옷을 벗어주고 속옷 차림으로 사찰에 들어온 이야기가 널리 회자되고 있다.

또 일본에 청빈한 삶을 살다간 료칸良寬(1758~1831) 선사가 있다. 료칸이 머물던 곳에 늦은 밤중에 도둑이 들었다. 물건을 훔치러 온 도둑이 훔쳐갈 물건이 없어 실망하자 료칸이 말했다.

"이 옷이라도 벗어줄 테니 가지고 가라."

기가 막힌 도둑이 가져갈 물건이 없음을 탄식하고 달아나자, 료칸이 중얼거렸다.

"내가 저 아름다운 달을 줄 수만 있다면 얼마나 좋았을까."

법당은 훌륭한데, 법당 안에 부처가 없군

―분주무업

마조에게 분주무업汾州無業(760~821)이라는 제자가 있었다. 분주무업은 섬서성陝西省 상현商縣 사람으로 출가해 총명한 동자로 알려졌으며, 여러 경전을 두루 배워 경학에 뛰어났다. 13세 때는 사람들에게 법을 설할 정도로 신동이라고 불리었고, 특히 경 가운데서도《열반경》에 뛰어난 대학자로 널리 알려졌다.

당시 사람들에게 '해내海內'라고 불릴 정도로 무업은 명예를 때 묻은 것으로 보았으며, 먼 곳까지 선지식을 찾아가 교학을 묻는 학자였다. 무업이 마조를 찾아와 심지를 얻은 기연機緣이《전등록》에 전한다. 무업은 신장이 여섯 척이 넘었고, 건장한 체격을 갖춘 사람이었다.

마조가 자신을 찾아온 무업의 형상을 보니, 형체가 뛰어나고 말하는 목소리가 당당하였다. 마조가 무업에게 먼저 말했다.

"형체는 보기 좋고 당당하군. 그런데 법당은 훌륭한데, 법당 안에 부처가 없군."

무업이 무릎을 꿇고 마조에게 물었다.

"저는 출가한 이래 삼승三乘의 교학은 공부해 마쳤지만, 선문禪門에서 즉심시불卽心是佛이라고 하는 말을 잘 알지 못하겠습니다."

"자네가 지금 알지 못한다고 하는 그 자체, 그것 이외에는 아무것도 없네."

무업이 물었다.

"달마 대사가 이 땅에 와서 우리들에게 전한 심인心印이란 무엇입니까?"

"달마가 어떻든 누가 어떠하든 다른 일에 신경 쓰지 말게. 자네는 돌아갔다가 다음에 또 다시 오게!"

무업이 법당 밖으로 막 나가려는 순간, 마조가 크게 불렀다.

"여보게, 대덕大德!"

무업이 놀라 순간적으로 고개를 돌리자, 마조가 말했다.

"여보게, 이것이 무엇인가?"

이때 무업이 크게 깨닫고, 마조에게 큰절을 올렸다.

무업이 마조 문하에서 공부해 깨달음을 얻은 뒤, 자신의 진리를 사람들에게 펼쳤다. 누군가 어떤 질문을 하여도 무업은 "망상하지 말라莫妄

想]"고 하였다. 망상이란 현재가 아닌 과거나 미래 일에 신경 쓰는 것이요, 해결할 수도 없는 건전하지 못한 생각이 지나치게 치닫는 것을 말한다. 망상으로 인해 자신의 마음을 병들게 할 필요는 없는 것이다. 망상이란 수행에 전념할 수 없게 만드는 큰 장애물이 되기 때문이다.

훗날 한 제자로부터 '법을 설해 달라'는 요청을 받자, 이런 말을 하였다.

"산승은 일법一法도 사람들에게 설해 줄 것이 없다. 다만 올바로 병을 고치고 속박을 풀어줄 뿐이다."

이후 무업은 몇 년을 여러 산에서 홀로 행각하였다. '추지처낭중錐之處囊中 기말입현其末立見'이라는 말이 있다. 즉 송곳이 주머니 안에 있으면 그 끝이 밖으로 뚫고 나오듯이, 무업 스님의 법력을 흠모하며 귀의하는 자가 점차 늘었다. 무업은 홀로의 두타행각을 멈추고, 개원사開元寺에 주석하며 20여 년을 교화하였다.

당시 헌종(재위 805~819)이 무업에게 몇 번이고 황궁으로 들어와 설법해 주기를 청했으나 응하지 않았다. 무업 만년에 목종이 또 다시 환궁하기를 요청하자, 신하를 통해 이런 말을 전했다.

"가 보아야 될 일을 못 가보지만, 길은 반드시 다르지 않네."

다음날 무업은 입적했다. 목종은 무업에게 '대달국사大達國師'라는 시호를 내렸다.

이 무업은 중국의 오백나한 가운데 한 분인 61번째 무업숙진無業宿盡 존자로 모셔지고 있다.

마조의 한 번 질타에
평생 했던 공부가 얼음 녹듯이 녹았다
—양좌주

마조의 제자 가운데 강사들이 많이 있다. 양좌주亮座主는 당시 학자로서 널리 알려져 있었다. 마조와 양좌주의 기연이 《마조어록》에 전한다.

마조가 먼저 물었다.

"좌주(강사)께서는 경론 강의에 뛰어나다고 들었는데, 맞습니까?"

"과분하신 말씀입니다."

"무엇으로 강의하는지요?"

"마음으로 강의합니다."

"마음은 재주 부리는 광대와 같고, 의식은 광대놀이에 장단을 맞추는 사람과 같은데, 마음이 어떻게 경을 강의할 수 있나요?"

좌주가 순간, 언성을 높여서 말했다.

"마음이 못한다면, 허공이 한다는 말입니까?"

"허공은 할 수 있지!"

양좌주는 마조와 더 이상 대화할 수 없다고 생각하고, 서둘러 나가려는데 갑자기 마조가 그를 불렀다.

"좌주!"

문득 돌아서는 순간, 좌주는 크게 깨닫고 마조에게 큰절을 올렸다.

좌주는 곧 사찰로 돌아가 대중을 모아놓고 말했다.

"지금까지 나의 논강은 어느 누가 따를 자가 없다고 자부해 왔습니다. 그러나 오늘 마조에게 질문을 받고, 평생 했던 공부가 얼음 녹듯이 녹았습니다."

이렇게 양좌주는 말을 마치고, 곧 서산西山으로 들어가 소식이 끊겼다고 한다.

앞의 분주무업과 양좌주는 마조계의 사교입선捨敎入禪한 대표적인 승려들이다. 마조가 생존했을 당시인 8세기는 중국의 불교학이 최고조로 발전되어 오다 점차 쇠퇴하는 무렵이었다. 당시 교학을 버리고 선 수행을 지향했던 승려들이 많았음을 볼 때, 매너리즘에 빠진 교학을 대신할 실천적인 선종이 새롭게 부각되었음을 반증한 것이라고 볼 수 있다. 이 무렵부터 선 수행자들이 기하급수적으로 늘어나면서 선종이 최고조로 발전하기 시작했다.

매실이 다 익었군
―대매법상

마조의 제자 가운데 은둔한 제자로 유명한 대매법상 大梅法常(752~839)이 있다. 법상은 마조로부터 '마음이 곧 부처[卽心是佛]' 언구로 깨달음을 얻은 뒤 곧바로 명주 대매산에 들어가 암자 생활을 하면서 죽을 때까지 세상에 나오지 않았다고 한다.

다음은 《마조어록》에 전하는 이야기다.

마조는 법상이 깊은 산속으로 들어가 어떻게 수행하고 있는지 궁금했다. 이에 한 승려를 보내어 법상을 한번 만나보도록 했다. 얼마 후 승려는 대매산으로 들어가 법상을 만나서 이렇게 물었다.

"스님께서는 마조 스님을 뵙고, 무엇을 얻었기에 이 산에 머물고 계십니까?"

"나는 마조 스님과 선문답을 하는 중, 마조 스님께서 나에게 '마음이 곧 부처'라고 하였네. 나는 그 말에 깨달음을 얻었고, 이후 여기 머물고 있네."

"그런데 법상 스님, 요즈음 마조 스님은 법문을 달리 하십니다."

"어떻게 달라졌는가?"

"요즘 마조 스님은 '마음도 아니요 부처도 아니다非心非佛'라고 하십니다."

그러자 법상은 도리어 이렇게 말했다.

"아니 그 노인은 사람을 혼란케 하는 일을 아직도 그만두지 않는군. 마조 스님이 비심비불非心非佛이라고 하든 즉심시불卽心是佛이라고 하든 나는 오직 즉심시불일세."

그 승려가 마조에게 돌아가 법상이 했던 말을 그대로 들려주자, 마조가 탄성을 질렀다.

"매실이 다 익었구나."

이 일화는 마조의 선사상인 즉심시불卽心是佛과 더불어 널리 회자되는 이야기다. 아마도 법상은 처음 마조로부터 즉심시불이 아닌 비심비불 언구를 들었을지라도 깨달았을 것이다. 그만큼 법상은 마조의 수시隨時 설법의 진수를 알고 있는 뛰어난 제자였다. 법상은 대매산에 은둔해 사는데도 많은 제자들이 모여 들었다. 신라인 가지迦智와 충언忠彦 스님이 있고, 일본인 원심源心 등 많은 제자를 두었다.

또한 제자 가운데 천용天龍이 있는데, 천용의 제자 가운데 일지선一指禪(어떤 제자들이 법을 물어도 손가락 하나를 들어서 표현하는데, 한 손가락은 단순히 한 손가락이 아니라 대립과 분별이 없는 무심無心·무아無我인 절대 세계를 표현한 것)으로 유명한 구지俱胝 스님이 있다.

《조당집》에는 법상과 마조의 선문답에 대해 이렇게 전한다.

어느 날 법상이 마조에게 물었다.

"어떤 것이 부처입니까?"

"곧 너의 마음이다."

"깨달은 뒤, 어떻게 보림保任(보호임지保護任持의 준말로 깨달음을 그대로 간직해 잃어버리지 않는 것)하면 되겠습니까?"

"너는 잘 호지할지니라."

"어떤 것이 법입니까?"

"곧 너의 마음이다."

"어떤 것이 조사의 뜻입니까?"

"곧 너의 마음이다."

배고프면 밥 먹고, 피곤하면 잠잔다

―대주혜해

마조의 제자 가운데, 대주혜해大珠慧海가 처음으로 마조를 친견했을 때의 일이다. 마조가 물었다.

"자네는 무슨 일로 여기에 왔는가?"

"불법을 구하기 위해 왔습니다."

"어찌하여 너의 보물 창고를 집에 놔두고, 쓸데없이 돌아다니기만 하는가? 나에게는 아무것도 없다. 불법 따위는 찾아서 무얼 하겠느냐?"

대주가 절을 올리고 다시 물었다.

"제 보물 창고라니, 무슨 말씀이십니까?"

"오히려 지금 묻고 있는 자네가 바로 그 보물 창고라네. 모든 것을 다 갖추고 있어서 조금도 부족한 것이 없고, 또한 쓰려고 하면, 마음먹은 대로 쓸 수도 있는 것이다."

여기서 마조가 말한 '너의 보물 창고' 란 바로 인간에게 내재된 불성佛性이요, 자성自性, 참된 본성을 말한다. 《화엄경》 에서도 부처님께서 일체중생들을 관찰 하시고, 이런 말씀을 하셨다.

— 대주혜해 진영

"기이하고 기이하다. 모든 중생들이 여래의 지혜를 갖추고 있으면서도 어리석고 미혹하여 알지 못하고 보지 못하고 있구나."

마조도 '각자 자신이 원래 갖추고 있는데, 달리 바깥에서 부처를 구할 필요가 있는가?'라는 속뜻을 가지고 대주에게 보물 창고를 언급한 것이다.

대주의 속성은 주朱씨이고 같은 음音인 주珠를 염두하고 마조는 그를 '대주大珠'라고 불렀다. 대주는 마조가 법을 펴기 시작할 무렵의 제자이니, 마조계 문하에서 장손에 속한다. 대주는 마조의 〈탑비명塔碑銘〉에 필두로 등장하며, 그의 생몰이나 전기에 대해서는 정확하지 않다.

대주의 저서인 《돈오요문頓悟要門》은 자연스럽고 솔직하게 선의 진수를 그대로 드러내어 고금을 막론하고 애독되는 어록이다. 한국에서도 근자에 큰스님들께서 선객들에게 강론하는 어록 가운데 하나이다.

마조 생전에 지어져서 마조가 《돈오요문》을 보고, "월주에 큰 구슬

이 있는데, 둥글고 투명하며 자유자재하여 걸리는 바가 없구나."라고 대주를 칭찬하였다고 한다.

대주의 일상 속에서 수행을 전개하는 이야기가《전등록》에 전한다.

원율사가 대주에게 물었다.
"화상께서는 도를 닦을 때 공력을 들입니까?"
"네, 공력을 들입니다."
"어떻게 공력을 들입니까?"
"배고프면 밥 먹고, 피곤하면 곧 잠잔다."
"모든 사람들도 그렇게 합니다. 모든 사람들도 스님처럼 공력을 들인다고 할 수 있겠네요."
"그렇지 않습니다. 그들은 나와 다릅니다."
"어째서 같지 않습니까?"
"그들은 밥 먹고 있을 때 먹지 않고 쓸데없는 생각을 하고, 또 잠을 잘 때도 자지 않고 이런 저런 꿈을 꿉니다. 그렇기 때문에 나와 같지 않습니다."

우리들은 거의 구할 수 없는 곳, 즉 추상적인 문자나 교묘한 형이상학 속에 그 비결이라는 것을 구하고 있다. 그러나 선은 우리들 일상생활의 극히 구체적인 속에 있다. 즉 현재의 삶 순간순간에 늘 깨어있어야 함을 강조한 것이다. 그래서《잡아함경》에서는 "보고, 듣고, 맡고, 지각하는 현상들에 관련하여 보았을 때는 보인 것만 있어야 하고, 들었을 때는 들린 것만 있어야 하고, 냄새 맡았을 때는 맡은 것만 있어야 하고, 지각했을 때는 지각한 것만 있어야 한다."고 하였다. 현재 지금 여기에서의 마음에 머물러 있다면 바로 그 자리는 부처된 자리인 것이다.

방온 거사는 "신통과 묘용, 물 긷고 땔나무 줍는 일이로다."라고 게송을 읊었는데, 깨달음은 형이상학적인 데 있는 것이 아닌 현재의 삶 속에 살아있음을 의미한다. 또한 임제 선사는 "가는 곳마다 주인이 되고 서는 곳마다 진리의 땅이 되게 하라[隨處作主 立處皆眞]."고 하였다. 즉 현실 그대로에 적응하면서 그 자리에서 느끼는 진실된 자각이 자유自由요, 현재에 깨어있는 자각이라야 부처로서 살고 있는 것이다.

내가 관음인데
관음보살을 찾고
경전 볼 필요가 있는가?
— 마조의 조카 장설보살

마조에게 '장설張雪'이라는 조카딸이 하나 있었다. 장설의 아버지는 마조에게 자주 찾아가 참선도 배우고 경전도 공부하였다. 하루는 설이의 아버지가 마조에게 물었다.

"스님, 설이가 자주 아파서 시집도 못가고 있으니 부처님 은덕으로 시집도 가고, 병도 낫기 위해 설이에게 어떤 경전을 독송케 하면 좋겠습니까?"

마조는 〈관세음보살보문품〉을 권했다. 설이는 아버지를 통해 〈관세음보살보문품〉을 얻어 3년을 매일 하루에도 몇 번씩 독송하였다.

어느 날 설이가 빨래를 하는데, 마조가 머무는 절에서 종소리가 울렸다. 설이는 잠시도 쉬지 않고 관음보살을 부르며 방망이를 두드렸다. 그러다 한 순간, 종소리와 절묘하게 맞아떨어지는 때에 설이는 '내가 관세음보살이 되었구나'라며 심지心地가 환히 열리며 도를 성취했다.

설이는 "관음보살이 바로 여기에 있는데, 내가 잘 알지 못했구나."라고 하면서 이때부터 경전을 함부로 대하고 관음보살을 염하지 않았다. 아버지가 설이에게 꾸중을 하자, 설이는 오히려 아버지께 반문하였다.

"아버지, 관음보살이 바로 나인데, 내가 무엇 때문에 굳이 관음보살을 찾으며, 경전에 있는 문자가 쓸데없는 것인데, 꼭 봐야 할 필요가 있습니까?"

아버지는 딸이 걱정되어 마조를 찾아가 자초지종을 말했다. 마조는 글을 써 줄 테니 설이 방에 붙여 놓으라고 하였다. 마조가 보낸 게송은 이런 내용이었다.

"삼경에 나무 닭 우는 소리를 들으니, 내 마음 내 고향이 분명하구나. 내 집 앞마당에 돌아와 보니, 버들잎은 푸르고 꽃은 붉도다."

설이는 게송을 보고, 끝 구절을 참구하느라 7일간 좌선하였다. 마침내 끝 구절을 타파하고 마조에게 곧장 달려가 절을 하자, 마조가 말했다.

"오! 설이 왔느냐. 네가 공부를 많이 하였더구나. '고인古人의 인연'이라는 말이 있는데, 너는 어떻게 생각하느냐, 한번 말해 보거라."

설이는 미소를 지으며, "스님, 고맙습니다."라고 절을 하자, 마조가 무릎을 탁! 치면서 "과연 내가 너한테 속았구나."라고 하였다.

이렇게 마조의 인가를 받은 설이는 얼마 후에 시집을 가서 자식을 여럿 두었다. 40여 년의 세월이 흘러 손자 손녀를 여럿 두었는데, 손녀

— 중국 불교 신자들은 법당 안이 아닌 도량 안에서 법당을 향해 기도하는 경우가 많다(운남성 태화사 도량)

딸 하나가 갑자기 죽었다. 설이는 손녀의 죽음에 서럽게 울자, 친구들이 말했다.

"견성하였다는 사람이 왜 그렇게 서럽게 웁니까?"

설이는 그 소리를 듣고 말했다.

"내 손녀가 제대로 세상을 살지도 못하고 죽었으니, 그 손녀를 천도해 주어야 하지 않겠소. 그런데 그 시다림 법문으로 내 눈물을 쏟는 것보다 더 뛰어난 법문이 어디 있겠소. 범부중생은 슬프되 슬픔을 모르고 슬퍼하고, 살되 참 삶을 모르고 살지만 깨친 도인은 참삶을 알고 참 슬

4장 마조의 신라제자 이야기

법맥을 받은 승려들은 적게는 十여 년에서 三十여 년간 당나라에서 수행하고 신라에 돌아왔다. 이 선사들에 의해 나말여초에 九산에 산문이 생겼는데, 이를 구산선문이라고 한다. 가지산문 도의 선사가 마조의 수제자인 서당지장의 법을 받아왔으나 산문을 열지 못했다. 구산선문 가운데 가지산문보다 최초의 산문은 홍척의 실상산문이다. 수미산문과 희양산문만을 제외한 일곱 산문이 모두 마조계의 법을 전했으며, 이외 많은 승려들이 마조 문하에서 법을 받아와 신라 땅 곳곳에 마조의 선사상을 전개하였다.

품을 알기 때문에 이 할미의 눈물은 수만 권 경전을 지송하는 것보다 더 수승한 공덕이 됩니다. 인간은 태어나면 결국 저 세상으로 가기 마련입니다. 온 곳으로 다시 가는 것이 무엇이 그리 슬퍼할 일이요? 우리 눈에는 오고 가는 것 같지만 실은 오는 것도 가는 것도 아니요, 불생불멸不生不滅입니다. 그래서 나는 이 불생불멸의 큰 길에 들어선 손녀를 인도하느라고 이렇게 눈물을 흘리는 겁니다."

돌더미에서 귀한 옥을 얻었으니
조개 가운데 진주를 줍는 것과 같도다

―가지산문 도의

조계종의 종조는 구산선문 가운데 당나라에서 법을 받아온 도의 국사이다. 도의道義(?~825)는 북한군北韓郡(현 서울) 사람으로 성이 왕씨이다. 스님은 신라 선덕여왕 때(784년) 당나라로 들어가 바로 오대산(山西省 五台縣) 문수도량에서 기도를 하였다. 이곳에서 도의 스님은 문수보살을 친견하고, 감응을 받아 공중에서 종소리가 들려오고 신령스러운 새가 날아오는 신이한 일을 겪었다.

이후 광동성 광주 보단사寶壇寺(《육조단경》 설법지인 대범사)에서 구족계를 받고, 조계산 남화사로 가서 육조혜능을 모신 조사당에 이르렀다. 도의가 참배를 하려고 하는데, 조사당의 문이 저절로 열리고 삼배를 올리고 나니 또한 문이 닫혔다는 신이한 고사가 전한다. 도의는 강서성 홍주(현

—01
도의 선사가 구족계를 받은 곳
(광동성 광주 대범사)

—02
도의 선사가 서당지장을 처음 참방한
개원사(현 강서성 남창 우민사)

—03
서당지장의 도량으로 도의 선사가
수행하던 곳(강서성 감주 보화사.
2007년 필자가 촬영)

—04
백장회해의 도량으로 도의 선사가
백장에게 심인을 얻은 곳(강서성
봉신 백장사. 2007년 필자가 촬영)

남창) 개원사(현 우민사)로 옮겨가 서당지장西堂智藏(735~814) 선사를 참방하였다. 서당의 문하에 머물고 있던 어느 날, 서당이 도의에게 말했다.

"마치 돌 더미에서 아름다운 옥玉을 얻었으니 조개 가운데서 진주를 줍는 것과 같도다. 진실로 법을 전한다면 이런 사람이 아니고 누구에게 전하랴."

서당 문하에서 몇 년간 머문 후, 도의는 서당에게서 인가를 받고 명적明寂에서 도의道義라는 호를 받았다. 도의는 서당 문하에서 수행한 뒤 여러 곳을 다니며 행각하다, 백장산(江西省 奉新縣)으로 가서 백장회해百丈懷海(749~814)를 만났다. 도의는 백장 문하에 머물며, 서당을 모시는 것과 똑같이 백장을 스승으로 섬겼다. 백장은 서당의 수행력을 칭찬하며 이렇게 말했다.

"강서의 선맥이 모두 동국東國의 승려에게 넘어가는구나."

도의는 37년 동안 당나라에 거주하며 법을 구한 뒤, 821년 신라에 귀국했다. 선의 신라 전래에 있어 중요한 시점이었다. 그러나 도의는 당시 교종으로부터 심한 비판을 받았는데 그의 설법을 마어魔語라고까지 하였다. 도의는 교종에 대해 선을 강조하며 이렇게 말했다.

"아무리 오랫동안 불경을 읽고 외울지라도 심인心印을 얻는 데는 수많은 세월이 소요되고, 깨닫기 어렵다."

도의의 선사상은 무위임운지종無爲任運之宗, 무념무수無念無修이다. 도의는 선과 교의 일치나 원융함을 부정하며, 교보다는 선의 우위성을 강조하였다.

도의 선사 진영
(전남 장흥 가지산 보림사
조사전)

가지산문 2조 염거 선사 진영
(전남 장흥 가지산 보림사
조사전)

가지산문 3조 보조체징
진영(전남 장흥 가지산
보림사 조사전)

—위
울산시 울주 가지산 석남사 산문.
도의 선사가 중국에서 귀국한 지
3년만인 824년에 창건하였다고 하는
비구니 최대의 선방 도량이다.
전남 장흥 보림사를 가지산문이라고
칭하는 것도 도의 선사가 창건하였던
도량 명칭을 그대로 사용한 것으로
사료된다

—아래
석남사 대웅전 뒤편에 위치한 승탑
(僧塔, 보물 제369호, 통일신라말기).
도의 선사가 세웠다고도 하며,
도의 선사의 사리탑이라고도 하지만
정확한 사료는 아니다

―도의 선사 진영(석남사 조사전에 모셔져 있음)

— 위
진전사(강원도 양양)에 모셔진 도의 선사 부도탑(보물 제439호). 그러나 이 부도탑은 정확한 사료가 아니다

— 아래
진전사 도량(강원도 양양군 강현면 둔전리), 폐사지였던 곳이 2006년 불사가 완비되었다

—01
가지산문 보림사
(전남 장흥)

—02
가지산문 보림사
(전남 장흥)

—03
가지산문 2조
염거 선사 부도탑
(강원도 원주 흥법사지에서
출토되어 서울 국립
중앙박물관에 안치),
국보 제104호

—04
가지산문 3조
보조 선사 창성탑비
(전남 장흥 보림사,
보물 제158호)

—05
가지산문 3조
보조 선사 창성탑
(전남 장흥 보림사,
보물 제157호)

초조달마 선사도 520년 인도에서 중국에 들어오기 이전, 중국의 불교는 교학중심으로 발달해 있었고, 선禪을 신선방술적이고 초현실적인 것으로 인식하고 있었다. 오직 마음을 강조했던 달마에게 당시 불교계에서 좋게 볼 리가 없었다. 달마가 광동성으로 들어와 양무제와 대화를 한 뒤 소림사에서 9년간 면벽하였고, 달마 일화에는 달마가 독살당했다는 설이 심심치 않게 등장한다.

이렇게 선사상이 어느 지역에 정착하기까지는 초조인 조사들이 한결같이 박해를 당했고, 달마 스님이나 도의 선사는 시절인연을 기다릴 줄 아는 성인들이었다는 점이다.

도의는 더 이상 자신의 견해를 피력하며 선을 강조하는 데 무력감을 느끼고, 설악산 진전사陳田寺에 은거하며 수행하였다. 진전사에서 도의는 제자 염거廉居(?~844)에게 법을 전하였고, 다시 염거는 설악산 억성사億聖寺에 머물며 그 법을 보조체징普照體澄(803~880)에게 전했다.

보조체징은 염거로부터 법을 받은 뒤, 837년 당나라에 들어갔다. 보조체징은 여러 곳을 행각하며 선지식을 찾아다니다 "나의 조사가 전한 법 이외에 더 이상 구할 것이 없구나."라고 탄식하고, 840년 신라로 돌아와 전남 장흥 가지산迦智山 보림사寶林寺에 산문을 열었다.

이 산문에 800여 명의 승려들이 운집하였고, 고려 말기까지 여러 산문 가운데 오로지 가지산문이 흥성하였다. 이로써 볼 때, 산문은 분명히 손자뻘인 체징이 열었지만, 가지산문은 도의 선사의 선사상을 배경으로 확립되었다. 훗날 고려 중기 무렵의 《삼국유사》의 저자 일연一然(1206~

311

[1286)은 도의 선사가 은거했던 진전사에 출가했으며, 가지산문의 법맥을 이은 선사이다.

고요할 때는 산이 세워지고, 움직일 때는 골짜기가 응한다
—실상산문 홍척

홍척洪陟 선사의 실상산문은 당시 도의와 쌍벽을 이루어 '북산의北山義 남악척南岳陟'이라고 불렀으며, 구산선문 가운데 최초로 산문을 열었다.

홍척의 휘는 홍직洪直이라고도 한다. 홍척은 810년, 당나라에 들어가 가지산문 도의와 같은 스승인 서당지장 문하에서 공부하였다. 이후 홍척은 서당의 법을 받고, 도의보다 5년 뒤인 826년 흥덕왕 때 귀국하였다. 17년 만에 신라에 돌아온 홍척은 지리산 실상사를 창건하고, 흥덕왕과 선강태자의 후원을 얻어 신라에 선을 전하는 데 어려움이 없었다. 《경덕전등록》 11권에도 홍척의 법을 받은 이들의 이름으로 흥덕왕과 선강태자가 기록되어 있다.

― 위

실상산문 실상사 도량
(전북 남원 실상사)

― 좌 아래

실상산문 홍척 선사 부도탑
(탑호는 증각대사 응요탑,
전북 남원 실상사, 보물 제38호)

― 우 아래

홍척 선사 부도탑비
(증각대사 응요탑비라고도 한다.
전북 남원 실상사, 보물 제39호)

실상사 사지에는 "도의 선사가 당나라에서 선법을 먼저 배워 왔지만, 그때는 시운이 맞지 않아 선이 세상에 전해지지 못하고, 홍척국사가 돌아온 다음에야 비로소 일파를 이루었다. 이 사실은 최치원이 쓴 봉암사 〈지증대사적조탑비智證大師寂照塔碑〉에 자세히 전하고 있다."고 하였다.

왕실에서는 홍척 선사에게 초청하는 편지를 자주 보냈고, 홍척이 왕실에 들어가면 왕과 태자가 몸을 낮추어 예를 올렸다는 일화가 전한다. 이렇게 홍척은 왕실과 통로를 열었던 최초의 인물이기도 하다. 홍척은 830년 무렵, 지리산에 머물다 흥덕왕의 초청으로 경주로 옮겨갔고, 다시 836년 설악산으로 들어갔다.

홍척의 대표적인 선사상은 몰념몰수沒念沒修인데, 이 언구가 봉암사 〈지증대사적조탑비智證大師寂照塔碑〉에 새겨져 있다.

"그 종취宗趣를 비교해 살펴볼진댄, 곧 닦되 닦음이 없으며 증득하되 증득함이 없음이라. 고요할 때는 산이 세워지고 움직일 때는 골짜기가 응한다. 무위無爲의 이익됨은 다툼이 없이 수승하다."

이는 독자적인 선禪을 개척한 것으로 여길 수 있지만, 그 이면에 담겨진 사상을 보면 마조가 주장하는 즉심시불卽心是佛의 본성에 입각한 조사선 사상이라고 볼 수 있다.

홍척이 설악산에 머물 때, 수철秀澈(817~893)이 찾아와 홍척 선사에게 제자로 받아달라고 간청하였다. 홍척은 수철을 제자로 받아들이며, 물었다.

"자네는 어디서 오는 길인가?"

— 좌 상단
실상산문 2조 수철 화상 능가보월탑
(전북 남원 실상사, 보물 제33호)

— 우 상단
실상산문 2조 수철 화상 능가보월탑비
(전북 남원 실상사, 보물 제34호)

— 아래
실상산문 2조 수철 화상이 주조했다고 하는 철제여래좌상
(무게는 4천근, 약사전에 모셔져 있다. 보물 제41호)

그러자 수철은 오히려 대답은 하지 않고, 스승에게 반문했다.

"스승님의 본성本性은 도대체 무엇입니까?"

"도를 너에게 붙이는 것은 전생의 인연으로부터 온 것이니, 우리 서당지장의 가문을 잘 짓는 일은 이제 너에게 달렸을 뿐이다."

훗날 홍척은 수철에게 법을 부촉하였으며, 수철 이외에 편운片雲 등 천여 명의 제자를 두었다.

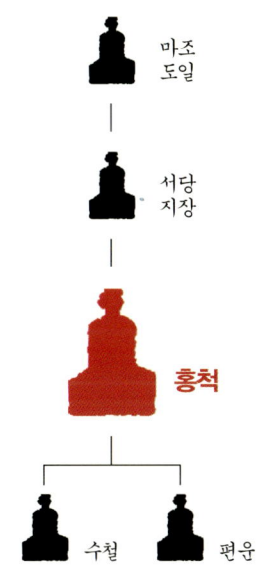

부처님의 마음(선)과
부처님의 말씀(교)은 같은 것이다
— 동리산문 혜철

혜철惠徹(791~861)은 경주 사람으로 10여 세에 출가하여 처음 부석사에서 화엄을 배웠다. 《화엄경》의 근본사상을 탐구한 뒤, 알지 못하는 부분을 묻고자 해도 대답해 줄 사람이 없었다. 혜철은 22세에 구족계를 받고, 스스로 한탄하기를 "본사本師의 가르침을 얻지 못한다면 본사의 심법心法과 일치한 길을 열 수가 없구나."라고 탄식한 뒤, 813년(헌덕왕 5년) 당나라로 들어갔다.

당나라에 들어간 혜철은 서당지장을 만났다. 앞에서 언급한 가지산문 도의와 실상산문 홍척이 모두 서당지장의 제자들이다. 혜철을 포함한 이들 모두는 입당하기 전에 신라에서 화엄학을 공부하였다.

게다가 서당지장은 스승 마조에게서 "경經은 서당에게 돌아간다."라

―위
동리산문 태안사 산문
(전남 곡성 태안사)

―아래
혜철 선사 탑 입구

— 좌 상단
동리산문 혜철의 스승인
서당지장 선사의 사리탑
(강서성 감주 보화사 옥석탑)

— 우 상단
적인(혜철) 선사 조륜청정탑비
(전남 곡성 태안사)

— 아래
적인(혜철) 선사 조륜청정탑
(전남 곡성 태안사, 보물 제273호)

는 말을 들을 만큼 서당은 경에 있어서도 해박하였다. 이렇게 교학과 선에 모두 밝은 서당지장에게 신라의 승려들이 귀의했을 것으로 추론된다.

혜철이 서당을 처음 만나 말했다.

"소승은 동국에서 태어나 하늘과 땅에 길을 물어 먼 길을 멀다 하지 않고, 당나라에 와서 법문 듣기를 청합니다. 만일 훗날 무설無說의 설說, 무법無法의 법法이 바다 건너 해동에 있다면 매우 다행으로 여기겠습니다."

이후 혜철은 서당 문하에 머물며 수행한 뒤, 마침내 서당에게 법을 받았다. 혜철은 서당을 만난 후에도 3년간 대장경을 열람하였다. 혜철은 서당이 입적하자, 중국 여러 곳을 행각하며 수행하다가 839년, 26년 만에 신라 땅에 귀국했다.

귀국 후 혜철은 동리산으로 들어갔다. 이 산은 현재 전라남도 곡성 태안사泰安寺가 위치한 산을 말한다. 동리산에서 법을 펴면서 제자들과 무설無說의 설說, 무법無法의 법法을 텅빈 가운데서 주고받으며 제자들을 지도했다는 기록이 전한다. 즉 설함이 없는 가운데 설하고 법이 없는 가운데 법이 있는 조사선임을 알 수 있다.

한편 혜철은 교를 배제하고 오로지 선禪만을 주장하는 선사가 아니었다. 즉 혜철의 선사상은 선과 교의 일치나 통합을 꾀하는 원융사상이었다.

신라의 산문은 오로지 선만을 내세운 산문도 있지만, 선교 융합을 주장한 산문도 있었다. 즉 가지산문 도의나 사굴산문 범일이 교를 배제하고 오로지 선만을 주장했다면, 혜철은 선교 융합을 꾀했던 인물이다. 이는 사람마다 근기가 다르고 본인들의 수행면으로나 제자들을 제접하는 하나의 방편일 뿐이지, 어떤 선사의 선교방편善巧方便(제자를 지도하기 위한 뛰어난 방법)이 올바른 것이라고 단정할 수는 없다고 본다.

태안사에서 동리산문을 열고, 제자를 지도하며 법을 편 지 22년만인 861년에 혜철은 입적했다. 시호는 적인寂忍, 탑호가 조륜청정照輪淸淨이며 수많은 제자를 두었다. 제자 가운데 풍수지리설로 유명한 도선道詵(827~898) 국사가 있다.

해와 달에게 동쪽 서쪽이 무슨 장애가 되겠습니까?

― 사굴산문 범일

영동지방의 대표적인 문화축제 가운데 하나가 강릉 단오제이다. 그런데 이 단오제의 주신主神이 사굴산문의 범일 스님이다. 당시 범일 스님이 창건한 사굴산문의 굴산사를 중심으로 문중이 형성되었다. 즉 고성의 건봉사에서부터 양양의 낙산사, 평창의 월정사, 동해의 삼화사, 삼척의 영은사, 그리고 울진과 평해 지역까지 이른다.

범일국사 입적 후, 당시 강릉 지역 사람들은 단오제의 주신으로 범일 스님을 섬겼다. 현 대관령 길목 성황당에 범일을 모시면서 강릉 단오제의 주신主神이 된 것이다. 이런 점으로 보아 신라 말 고려 초에 이르는 동안 사굴산문은 영동 지역에 큰 영향을 끼쳤으며 불교라는 테두리로 하나의 문화권을 형성하였음을 알 수 있다.

─사굴산문 굴산사지 당간지주, 우리나라에서 가장 큰 당간지주(강원도 강릉시 구정면, 보물 제86호)

사굴산문 통효범일通曉梵日(810~889)은 품일品日이라고도 하며, 성주산문 무염 선사와 더불어 당나라에까지 그의 수행력이 널리 알려져 있다. 범일은 계림의 호족인 김씨金氏로서, 그의 부친은 높은 관직에 있으면서도 매우 청렴하고 너그러운 사람으로 알려져 있었다.

범일은 태어날 때 부처님처럼 나계螺髻가 있었고, 특이한 자태를 지녔다. 15세에 출가해《능가경》을 보다가 입당을 결심하고 831년에 당나라로 건너갔다.

범일은 여러 곳을 행각하며 선지식을 참문하던 끝에 염관제안鹽官齊安(?~842)을 만났다. 범일이 염관과 도道를 나누었는데, 그 일화가《조당집》에 전한다.

염관제안이 물었다.
"어디서 왔는가?"
"동국에서 왔습니다."
"수로로 왔는가? 육로로 왔는가?"
"두 가지 길을 모두 밟지 않고 왔습니다."
"그 두 가지 길을 다 밟지 않았다면, 어떻게 여기까지 이르렀는가?"
"해와 달에게 동東과 서西가 무슨 장애가 되겠습니까?"
"그대는 동방東方의 보살이로다."
"어떻게 수행해야 부처가 될 수 있습니까?"
"도는 닦을 필요가 없으니 더럽히지만 말라. 부처라는 견해, 보살이

— 위
사굴산문 범일 선사 부도탑
(강원도 강릉시 구정면, 보물 제85호),
부도탑 앞이 굴산사지이다

— 아래
사굴산문 굴산사지 전경
(강원도 강릉시 구정면 학산리)

라는 견해를 만들지 말라. 평상심이 도다."

범일은 스승 염관과 만나면서부터 스승에게 찬사를 받았다. 범일은 염관 문하에 머물며 수행하던 중, 염관에게 법을 얻었다. 이후 중국 여러 지역을 행각하다가 16년만인 847년에 신라 땅으로 돌아왔다.

범일은 충남 대덕 회덕면에 위치한 백달산에서 수행하던 중, 명주溟州 도독 김순식의 지원으로 851년 강릉 사굴산에 산문을 열었다. 그는 굴산사에서 40여 년을 보냈으며 경문왕·헌강왕·정강왕 때 각각 국사가 되기도 하였다.

어느 승려가 물었다.

"승려가 어떤 일에 힘을 써야 합니까?"

"부처의 계급을 밟지 말고, 남을 따라 깨달으려고도 하지 말라."

— 굴산사지에서 출토된 석불좌상
(강원도 강릉시 구정면, 보물 제38호)

그는 열반에 들 무렵 제자들에게 "나는 이제 먼 길을 떠나려고 한다. 그대들과 작별을 해야 할 때가 왔구나. 세속의 감정으로 너무 슬퍼하지 말라. 그대들은 오직 스스로 마음을 잘 닦아 내 종지宗旨를 무너뜨리지 말라."는 유게를 남기고 세연 80세로 열반에 들었다. 시호는 통효通曉,

― 좌 상단
사굴산문 굴산사지를 문화재청 국립중원문화재연구소에서 발굴중이다. 굴산사지에서 '굴산사', '오대산', '오대산 금강사'라고 적힌 기와가 출토되었다

― 좌 하단
석천(石泉). 범일국사의 모친이 이 우물의 물을 마시고 범일을 잉태했다고 한다
(강원도 강릉시 사굴산지)

― 우
보조국사 지눌 진영
(대구 동화사, 보물 제1639호)
보조국사는 사굴산문 법계이다

탑명은 연휘延徽이다.

범일의 전기가 《조당집》에 전하고 있으며, 대표적인 선사상은 진귀조사설眞歸祖師說이다. 즉 진귀조사가 설산에 머물면서 석가를 기다렸다가 석가에게 심인心印을 전해 주었다는 설이다. 이렇게 석가도 진귀조사(문수보살의 화신)를 만남으로써 진정한 정법안장을 전수받고 종지를 증득했다는 설이다.

그는 마조의 가르침대로 조사선에 입각한 수행과 선사상을 선양하였다. 석가가 보리수 아래에서 깨달은 것이 아니라 비로소 진귀조사를 만나서 깨달은 것이라는 조사선 경지를 주장하였다. 진귀조사설은 유일하게 한국에만 존재하는 선사상이다. 당시 신라에 선종이 유입되어 점차 보급되어 가는 시기에 그의 조사선 우위사상은 절실히 필요했던 선사상 정립이었던 것으로 생각된다.

범일은 제자들에게 이런 말을 하였다.

"도는 닦는 데 쓰이는 것이 아니라, 모든 것만 내려놓으면 되는 것이니 '무엇이 부처이다, 무엇이 보살이다'라는 견해를 갖지 말라."

이것이 바로 범일의 막작불보살견莫作佛菩薩見이다. 즉 어떤 조작이나 시비분별이 사라진 '평상심 그대로가 도'임을 여실히 보여주고 있다.

어떤 이가 범일에게 물었다.

"어떤 것이 조사의 뜻입니까?"

"6대에도 잃은 적이 없었느니라."

"어느 것이 대장부가 힘써야 할 일입니까?"

"부처의 계급을 밟지도 말고, 남을 쫓아 깨달으려고도 하지 말라."

범일의 문하에는 10철十哲이라고 하여 많은 제자가 있었으나 현재 전기가 전하는 이는 행적行寂과 개청開淸뿐이다. 이 두 제자 이후에도 사굴산문에는 승려들이 많았고, 후대까지 번창한 산문이다. 후대에 조계산 수선사修禪社에서 선을 부흥시킨 보조지눌(1158~1210)도 사굴산문 승려이며, 이외 훌륭한 선사들이 많이 배출되었으니 사굴산문은 현 조계종의 산 역사이기도 하다.

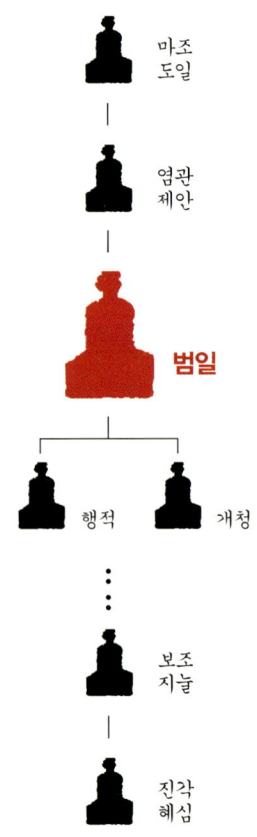

다른 사람이 먹은 음식이
나의 굶주림을 해결해 주지 못하는 법
—성주산문 무염

낭혜무염朗慧無染(801~888)은 광종대사廣宗大師로 알려져 있다. 무염은 태종무열왕 8세손인 진골 출신으로 13세에 오색석사(설악산)에 출가하였다. 출가 후 중국에서 능가선楞伽禪을 익히고 돌아온 법성法性 스님에게 《능가경》을 배웠다. 무염은 부석사로 옮겨가 화엄을 공부해 마치고, 821년(헌덕왕 13년)에 당나라로 들어갔다.

당나라 서안 종남산 지상사至相寺에서 또 다시 《화엄경》을 공부한 뒤, 당시 낙양 불광사佛光寺에 머물고 있던 불광여만佛光如滿과 법담을 나누었다. 여만은 무염과 대화를 나누면서 무염의 도가 뛰어남을 인정하며 이렇게 말했다.

"내가 많은 사람들을 겪어보았으나 그대와 같은 동국인을 만나기는 드물다. 훗날에 중국의 도가 끊어지면 동국에 가서 물어야 할 것이다."

무염은 여만 문하에 머물다가 마곡보철麻谷寶徹 문하로 옮겨갔다. 보철 문하에서 수행한 뒤 보철의 법을 받았다. 무염은 모두 마조의 제자였던 여만과 보철, 두 선사에게서 심인을 얻은 셈이다. 당시 함께 수행하던 사람들로부터 무염은 이런 칭찬과 존경을 들었다.

"무염은 산문의 특이한 대덕이며 덕 높은 동국의 어른이다."

무염은 당시 선사들을 찾아다니며 행각하다가 24년만인 845년에 신라 땅에 귀국했다. 귀국 후, 무염은 무열왕계의 후손인 남포 지역 호족 김흔金昕의 후원을 받아 충남 보령에 성주산문을 개산하였다. 문성왕이 이 소식을 듣고 성주사라는 절 이름을 하사했다.

그는 경문왕 · 헌강왕의 국사로 책봉되었다. 무염이 왕궁에 나아가면, "왕이 몸소 무염에게 향을 올리며 공양하였고, 삼배하였다. 또한 왕들은 무염에게 스승과 제자의 인연 맺기를 청원하였다."는 기록이 전한다.

무염은 성주산문에서 40여 년 동안 법을 펼치다 진성여왕 때인 888년에 입적하였다. 시호는 대랑혜大郎慧이고, 탑호는 백월보광白月葆光이다. 현재는 충남 보령의 성주사지에 〈낭혜화상백월보광탑비〉와 석불과 석등만이 있다. 최치원이 작성한 비문의 〈낭혜화상백월보광탑비〉에는 "물 긷고 땔나무 나르는 일까지 하다 보니, 산이 나(낭혜) 때문에 더럽혀졌는데 내가 어떻게 편히 있을 수 있는가"라는 자연과 하나된 낭혜 스님의 사상이 묻어 있다.

나말여초에 성주산문이 가장 번창하였고 2천여 명의 제자가 있었다

— 위
부석사(경북 영주)에서 무염은 화엄경을 공부했다. 동리산문 혜철과 봉암산문 지증은 이곳에서 출가하고 화엄을 공부했다. 이외 신라 말 많은 승려들이 화엄을 공부하였다

— 아래
부석사 전경(경북 영주), 의상 대사가 창건하였고 화엄종의 종찰이다

―위
무염 선사가 화엄경을 공부했던 지상사
(섬서성 서안 종남산)이다. 지상사는
신라의 의상 대사가 화엄종 2조 지엄에게
8년간 화엄을 공부했던 도량이기도 하다

―아래
지상사(섬서성 서안 종남산) 도량 내에
있는 가산문화원 지관 스님, 동국대학교
해주 스님의 방문 기념비이다

— 성주산문 무염의 손자뻘인 여엄의 탑비(탑비명은 대경 대사 현기탑비, 보물 제361호). 성주산문 2조인 심광의 제자로서 중국으로 들어가 조동종 운거도응의 법을 받았다. 이 탑비는 현재 서울 국립 중앙박물관 경내에 안치되어 있다

─ 위
성주사지(충남 보령군 미산면) 전경.
성주사는 임진왜란 때 화재로
소실되었고, 현재는 탑과 석등,
석불이 있다

─ 좌 아래
낭혜 화상(무염) 백월보광탑비가
모셔진 당우(충남 보령 성주사지)

─ 우 아래
낭혜 화상(무염) 백월보광탑비
(충남 보령 성주사지, 국보 제8호).
이 비문은 최치원이 지은 것으로
최치원의 4산비명(四山碑銘,
쌍계사진감선사대공탑비, 초월산의
대숭복사비, 희양산의 봉암사지증대사
적조탑비에 적혀 있는 금석문) 가운데
하나이다

는 전설이 전한다. 가장 대표되는 제자는 심광深光과 대통大通이다. 대통 스님은 856년 당나라에 들어가 위앙종의 앙산혜적仰山慧寂(807~883)에게 법을 받고 866년에 귀국하여, 충주 월광사月光寺에 거주하였다.

무염은 제자들에게 자주 이런 설법을 하였다.

"도가 어찌 너희에게서 멀리 있겠느냐. 저 사람이 물을 마신 것이 나의 갈증을 해소시키지 못하고, 저 사람이 먹은 음식이 나의 굶주림을 해결해 주지 못하는 법이다. 어찌 힘을 다해 스스로 마시고 먹지 않으려고 하는가. 각자 자기 스스로 열심히 정진해야 깨달을 수 있다. 남을 의지해서는 안 된다."

무염의 선사상으로 무설토론無舌土論이 있다. 이 무설토론은 신라선의 대표적인 사상 가운데 하나이다. "자타미분전自他未分前 일념미생전一念未生前 소식에 돌아가 묵연한 가운데 현실을 판단한다면, 선과 교 가운데 선의 우위성에 대한 올바른 판단을 할 수 있다."라고 하며 무염은 무설토와 유설토에 대해 이렇게 설하고 있다.

"한 조사에게 양구兩口가 있다. 하나는 무설토無舌土인 정위선正位禪으로 근본에 있어 구하지 않는 법을 말한다. 둘째는 마땅히 실답게 법을 구하여 남을 위해 방편을 행하는 것이니, 이것이 유설토有舌土이다."

즉 교는 방편문인 유설토이며, 선은 바로 전하는 정전문正傳門인 무설토를 말한다. 무염은 선과 교에서 선(무설토)을 강조하였다. 무염의 무설토론은 교종보다 선종의 우위사상을 반영한 것이라고 볼 수 있다.

337

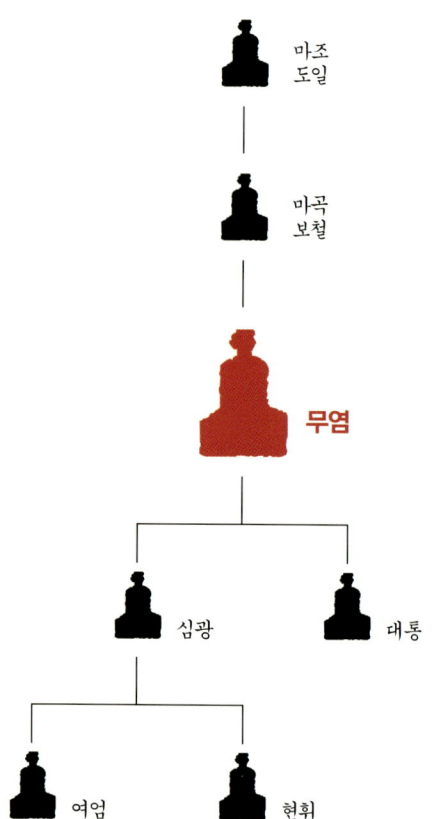

신라 4대왕으로부터 귀의를 받은 승려

―봉림산문 현욱

현욱玄昱(789~869)은 김씨로서 병부시랑의 관직에 있는 아버지와 신라 귀족 출신인 어머니 사이에 태어났다. 현욱은 어려서부터 부처님 형상을 만들거나 모래로 탑을 만드는 놀이를 하였고, 물고기를 살려주는 등 함부로 살생하지 않았다.

21세에 출가하여 구족계를 받고, 824년(헌덕왕 16년)에 당나라로 들어갔다. 현욱은 장경회휘章敬懷暉(755~816) 문하에 들어가 수행한 뒤, 장경의 법을 받았다. 현욱은 법맥을 받고도 여러 지역의 선사들을 찾아다니며 행각하다 고향을 떠난 지 13년 만인 837년에 신라에 귀국했다.

신라로 돌아온 현욱은 실상사實相寺에 머물다가 경기도 여주 혜목산惠目山 고달사高達寺로 옮겨갔다. 당시 현욱은 승가의 모범이었고, 민애왕으

— 좌 상단
구산선문 가운데 하나인 희양산문
봉암사지증대사탑비이다. 최치원이
지은 4산비명 가운데 하나로 이 탑비에는
신라 선종과 선사들의 사상을
알 수 있는 귀중한 자료가 새겨져 있다
(경북 문경 봉암사, 국보 제315호)

— 우 상단
희양산문 지증대사사리탑(경북 문경
봉암사, 보물 제137호), 희양산문은
마조계열 법맥은 아니지만 신라
구산선문 가운데 하나이며,
불교사적으로 중요한 산문이다

— 아래
혜목산 고달사지(경기도
여주군 북내면), 봉림산문
현욱은 이곳에서 산문을 열어
봉림산문을 '혜목산문'이라고도
한다

로부터 경문왕에 이르기까지 역대 왕의 귀의를 받아 궁궐에 가서 법을 설하기도 하였다.

924년, 최치원이 지은 문경 봉암사 〈지증대사적조탑비智證大師寂照塔碑〉에 신라 말 선종이 유입되던 시기에 전국의 유명사원 승려 11명을 기록하였는데, 여기에 쌍계사 진감혜소·성주산문 무염과 더불어 '혜목산 현욱'의 이름이 나온다. 당시 현욱이 혜목산 고달사에 머물렀다고 하여 봉림산문을 '혜목산문'이라고도 한다.

《조당집》에 의하면 현욱에 관해 이렇게 전하고 있다.

"신라 경문왕은 현욱을 고달사에 머물도록 하였고, 대궐에 초청해 스님께 기이한 향과 묘한 약을 공양하였으며, 의복을 때맞추어 공양하였다."

869년(경문왕 9), 입적할 무렵에 현욱은 문도들을 모이게 한 뒤, "나의 법연法緣이 다하고 있으니, 그대들은 마땅히 무차대회無遮大會를 열어 나의 스승 장경회휘로부터 받은 가르침에 보답하는 것이 나의 뜻이다."라는 마지막 말씀을 남기고 열반에 들었다. 경문왕이 현욱에게 원감국사圓鑑國師라는 시호를 내렸다.

구산선문 가운데 하나인 봉림산문鳳林山門(현 경남 창원 봉림사지) 개산開山은 현욱의 제자 심희審希(탑호 진경眞鏡, 855~923)에 와서 이루어졌다. 심희의 제자인 진공眞空(869~940) 선사[1]의 탑비에 봉림산문에 대한 기록이 전하

---

[1] 진공 대사는 신라 신덕왕(神德王)과 고려 태조의 왕사를 지낸 분으로 법호가 충담(忠湛)이다.

— 위
봉림산문 사지. 경남 창원시 봉림동 봉림산에 위치해 있다. 2조 진경 대사가 창건한 곳으로 통일신라 때 영남 지역 선종사찰로 번창했으나 임란 때 소실되어 현재까지 사지로만 남아있다

— 아래
봉림산문 사지. 2조 심희진경 대사 보월능공탑비(보물 제363호)가 있던 곳에 비석을 세워 두었다 (가장 왼쪽 비석)

— 위

봉림사지에서 출토된 삼층석탑. 유형문화재 제26호로 현재 창원 상북초등학교 내에 있다

— 좌 아래

봉림산문 2조 진경 대사 탑비(보물 제363호)이다. 경남 창원 봉림사지에서 출토되었으며, 현재 서울 국립중앙박물관 수장고에 안치되어 있다. 이 사진은 경복궁 경내에 있을 때의 사진(문화재청 자료)이다

— 우 아래

봉림산문 2조 진경 대사 보월능공탑이다. 경남 창원 봉림사지에서 출토되었으며, 현재 서울 국립중앙박물관에 모셔져 있다. 보물 제362호

— 위
봉림산문의 3조 진공 대사의 귀부 및 이수(강원도 원주시 지정면 안창리 흥법사지, 보물 제463호). 진공 대사가 이곳에서 열반하였으므로 탑비가 이곳에 모셔진 것으로 추측된다

— 아래
봉림산문 3조인 진공 대사 묘탑과 석관 (보물 제365호). 탑과 함께 발견된 석관을 통해 승려도 매장했음을 알 수 있는 문물이다. 이 탑은 강원도 원주시 지정면 안창리 흥법사지에서 출토되어 서울 국립중앙박물관으로 옮겨 안치되어 있다

는데 다음과 같다.

"한 꽃에서부터 큰 꽃을 피워 중흥을 이루었다(육조혜능으로부터 5가 성립). 근대에 들어 강서 마조도일로부터 우리나라까지 선이 미치었으니 봉림 가문의 아들이자, 장경회휘의 증손인 우리 스님이 봉림산문의 도를 거듭 드날리도다."

봉림산의 독특한 사상은 전하지 않고, "삼승三乘 이외의 특별한 사상이 있는데, 이를 일원상 圓相으로 표현하여 선과 교가 다른 점을 설하였다."는 기록이 전한다.

화엄의 이치가
어찌 심인의 묘용과 같겠는가?
― 사자산문 도윤

철감도윤徹鑑道允(798~868)은 도균道均·도운道雲이라고 하며 시호가 철감徹鑑이다. 그는 속성이 박씨, 한주漢州(현 서울) 출생이다. 18세에 승려가 되고자 김제 귀신사歸信寺로 출가하여 10여 년간 《화엄경》을 공부하였다. 어느 날 도윤은 경을 보다가 이런 탄식을 하였다.

"원돈圓頓의 이치가 어찌 심인心印의 묘용妙用과 같을 것인가! 경을 보는 것보다 수행을 해야 하리라."

《화엄경》보다 더 중요한 수행에 대한 의지를 품고, 825년(헌덕왕 17년) 사신들의 행차하는 배에 승선해 당나라로 들어갔다.

그는 곧 바로 남전보원南泉普願(748~834) 문하에서 수행한 뒤, 남전의 법을 받았다. 도윤과 함께 수행했던 중국의 한 승려는 도윤에게 이런 말

― 위
사자산문의 개산조 도윤 스님이 상주하던 쌍봉사(전남 화순 이양면) 도량

― 좌 하단
철감도윤 선사탑(전남 화순 쌍봉사, 국보 제57호)

― 우 하단
철감도윤탑비의 귀부와 이수 (전남 화순 쌍봉사, 보물 제170호)

을 하며 한탄하였다고 한다.

"우리 종파의 법인法印이 모두 동국으로 돌아가는구나!"

도윤은 당나라에서 22년간을 머문 뒤, 847년(문성왕 8년)에 귀국하여 금강산에 머물렀다. 이후 전라도 능주綾州(현 화순)의 쌍봉사雙峰寺로 옮겨가 크게 선법을 펼치다 868년(경문왕 8년)에 입적하였다. 도윤의 부도가 현재 쌍봉사에 있다.

훗날 도윤의 제자인 징효절중澄曉折中(826~900)이 석운釋雲 스님의 청으로 강원도 영월 흥녕선원興寧禪院(현 법흥사)에 머물게 되면서, 헌강왕과 정강왕의 귀의를 받았다. 절중이 사자산문의 선풍을 이곳에서 부흥시키면서 학계에서는 사자산문이라고 한다. 절중의 제자들은 경유慶猷 여종如宗 등 1,000여 명에 이르렀다고 하니, 사자산문의 선풍이 어떠했는가는 미루어 짐작해 볼 수 있다.

절중의 탑비에 스승 도윤과 사자산문에 관한 내용이 전한다.

> "금강산 도윤화상이 오랫동안 중국에 있다가 돌아왔다는 소문을 들었다. 산문에 나아가 공경히 오체투지를 하였다. 도윤화상은 중국에 들어가 남전을 참알하고, 남전의 법을 받았다. 남전 선사는 마조에게서 법을 받았고, 마조는 회양에게서 법을 받았으며 회양은 혜능의 제자이다. 우리 스승인 도윤화상은 덕이 높고, 매우 위대하다."

― 좌 상단
사자산문 2조 징효절중이 강원도 영월 흥녕선원(현 법흥사)에 머물며 사자산문을 개창했다

― 좌 하단
사자산문 2조 징효절중 부도탑 (강원도 영월 사자산 법흥사, 유형문화재 제72호)

― 우
사자산문 2조 징효절중 보인탑비 (강원도 영월 사자산 법흥사, 보물 제612호)

범패·다도·의술을 통한 불교문화의 선구자

— 쌍계사 혜소진감

불교 행사 가운데 범패의식이 있다. 이 범패를 최초로 도입한 승려가 바로 신라 때의 혜소이다. 혜소는 범패의 선구자일 뿐만 아니라, 지리산 쌍계사에 선문禪門을 연 선사이다.

또한 의술에도 조예가 깊어 중국에서 귀국한 뒤 병원을 열어 병자를 치료했으며, 당나라에서 차나무를 들여와 다도문화에도 공헌하였다. 혜소는 선사이기도 하지만 한국불교사적 위치에서 볼 때, 불교문화의 중추적인 역할을 한 거목이다.

혜소진감慧昭眞鑑(773~850) 국사는 전주 출생으로 속성은 최씨이며 31세 늦은 나이에 출가했다. 804년 당나라에 들어가 마조의 제자인 창주신감滄州神鑑 선사의 제자가 되었다. 혜소가 얼굴이 검은데다 열심히 수행

— 위
진감 국사가 당나라에서 귀국 후 머물렀던 상주 장백사(현재 남장사) 일주문

— 아래
진감 국사는 장백사(현 경북 상주 남장사)에 주석하며 병자들을 치료했다

하여 주위 사람들은 그를 '흑두타黑頭陀'라고 불렀다.

그는 숭산 소림사에서 구족계를 받은 뒤, 서안의 종남산 등 여러 지역을 다니며 행각하였다. 행각하는 도중 어느 곳에서는 짚신을 삼아 (오고 가는 사람들이) 짚신을 바꿔 신도록 보시행을 하였다. 이렇게 행각하는 중에 최초의 신라 산문인 가지산문 도의 선사를 만나 법담을 나누기도 하였다.

혜소는 당나라에서 26년간의 수행을 마치고 830년(흥덕왕 5년)에 귀국하였다. 그는 상주尚州 장백사長栢寺에 주석하며 병자들을 치료해 주었다. 이 무렵 흥덕왕이 혜소에게 보낸 편지이다.

"도의 선사가 이미 돌아왔고(821년) 스님께서도 이어 신라로 돌아오셨으니, 이 나라에 두 보살이 있도다. 옛적에 흑의黑衣 이걸二傑이 있었다고 들었는데, 이제 누더기 입은 뛰어난 두 스님을 친견하니 하늘에까지 이름이 가득하고 자비스러움이 있어 온 나라가 기쁨에 넘치는구나."

혜소는 지리산으로 옮겨가 삼법화상三法和尙이 세운 절 주변에 암자를 지었다. 838년 민애왕이 즉위하여 혜소에게 만나기를 청했으나 응하지 않자, 왕은 "색공色空의 경계를 깨달았으며 정定과 혜慧를 원만하게 구족한 승려구나"라고 감탄하며 호를 지어 사신에게 보내었다.

이후 혜소에게 제자들이 점차 늘어나면서 지리산 남령南嶺에 옥천사玉泉寺(현 쌍계사)를 세우고 여섯 분의 진영을 모신 영당을 세웠다. 여섯 진영

— 진감 국사 진영(남장사 진영각에 모셔져 있음)

─위
쌍계사 내 선방에 위치해 있는 금당.
금당은 육조혜능 선사의 정상(頂相)이
모셔져 있다고 하는 당우이다

─좌 하단
진감선사대공탑비이다. 최치원이
직접 지은 4산비명 가운데 하나이다.
(경상남도 하동군 쌍계사 대웅전 앞에
위치, 국보 제47호)

─우 하단
진감선사부도탑, 이 탑은 쌍계사
도량에서 산위 방향으로 500m
떨어진 산속에 위치해 있다
(경상남도 하동군 화개면 쌍계사,
보물 제380호)

이란 혜능·남악·마조·염관·신감·혜소인데, 혜소는 이런 법계 체계를 세움으로써 쌍계사에 선문(禪門)을 수립코자 했던 것으로 사료된다.

혜소는 대중들과 함께 수행하였으며 성품이 늘 한결같았고 천진스런 성품을 가지고 있어 대중들이 선사를 따랐다고 한다. 혜소는 오로지 선만을 지향했다기보다는 범패·다도·의술을 통해 선과 문화의 융합을 도모했다. 한편 혜소는《열반경》의 대가로서 불성(佛性)을 강조하였으며, 제자들에게 '자신의 행적을 남기지 말라'고 한 승려로서 본연에 철저한 선사였다.

구산선문 가운데 하나인 희양산문 긍양(兢讓)의 〈비문(碑文)〉에 의하면, '혜소는 희양산문의 승려'라는 기록이 전하기도 하는데, 이를 통해 혜소의 한국불교사적 위치를 가늠해 볼 수 있다.

긍양의 비문과 상관없이 혜소가 당나라에 들어가 스승으로 모신 선사는 마조 문하의 창주신감이다.(혜소를 마조의 제자인 염관제안의 제자라고 하는 기록도 있다. 그러나 대만에서 발행된《불광사전(佛光辭典)》에는 "창주신감이 마조의 직계제자이고, 혜소가 신감에게 인가를 받았다."라고 하였고, 중국의 기록에도 '與道義同時期來唐者另有眞鑒慧沼受馬祖門下之滄州神鑒印可'라고 기록하고 있다)

신라 7산문과 그 외 마조계 법맥

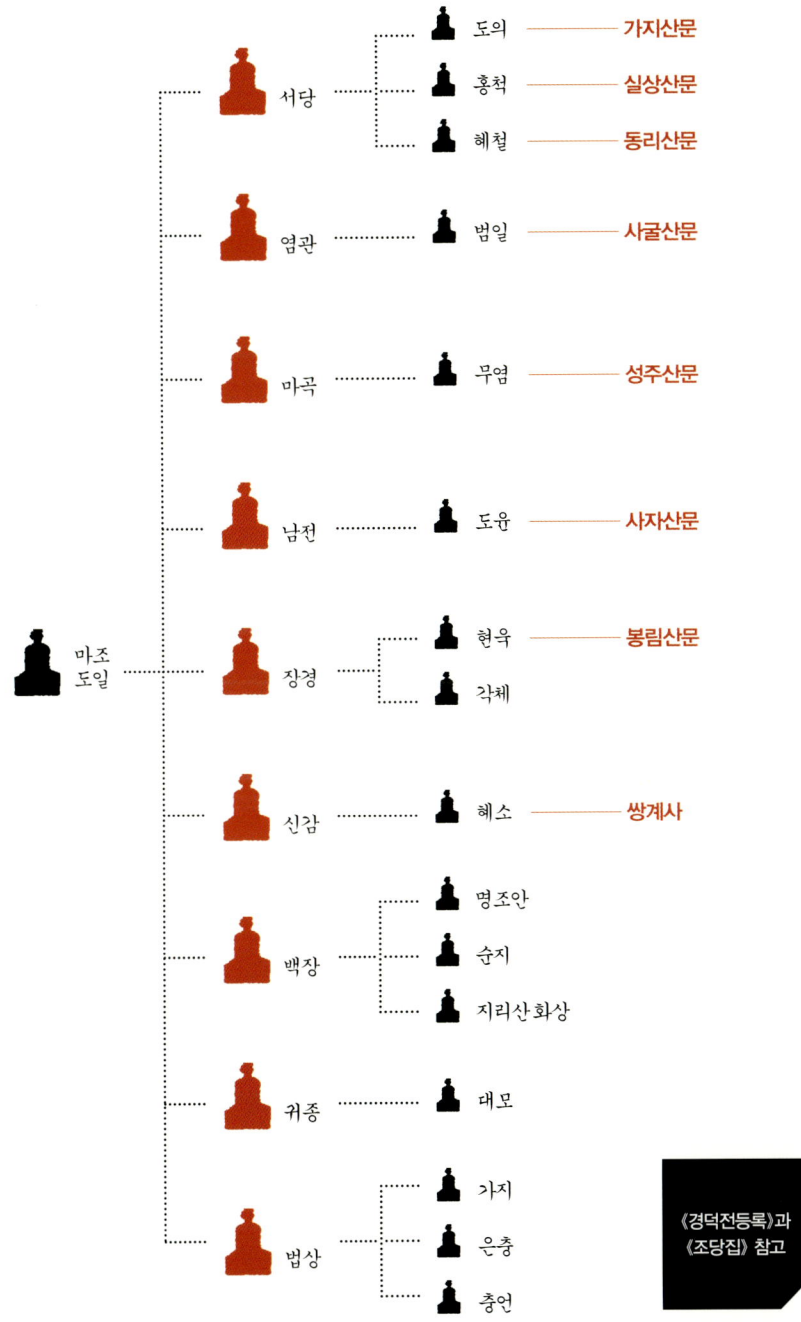

《경덕전등록》과 《조당집》 참고

부록

◉ 후기

　예전에 중국의 수백여 사찰 순례를 통해 도량구조와 당우, 탑 등을 보면서 중국 문물의 위대성에 놀라워했다. 그런데 이번 한국 사찰을 순례하면서 우리나라의 당우와 탑에 경외감을 감출 수 없었다. 한참을 돌아 이제서야 내 나라 땅의 향취와 멋을 발견하게 된 것이다. 오래 전 학문적인 안목이 없었던 때에 비해 조금 안목이 생긴 다음에 본 한국의 사찰 문화는 동양 문명의 최고라고 해도 과언이 아님을 이번 순례에서 느낀 바다.
　구산선문 사찰들로 한정되지만, 선사들의 발자취인 탑과 탑비가 뿔뿔이 흩어져 있어 여러 지역을 다닐 수밖에 없었다. 대체로 한 산문마다 평균 2~3곳은 다녀야 했다. 봉림산문인 경우만 해도 여주 고달사지, 서울 국립중앙박물관, 강원도 원주 흥법사, 경남 창원 봉림사지였다.

서울 사람이어도 경복궁을 가 본 적이 없었고, 중앙박물관이 어디에 위치하는지조차 모르고 살았다. 이번 선사들의 탑과 탑비가 모셔진 곳을 추적하면서 용산에 위치한 국립중앙박물관을 몇 차례 방문했고, 경복궁 뜨락을 거니는 호사를 누리기도 했다.

탑과 탑비들이 사찰 도량에 모셔져 있어 예배 대상이 되어야 하지만 단순한 요깃거리로 박물관에 안치되어 있는 것을 보고 심중이 편치는 않았다. 여행 중 어느 사찰에서는 그 추운 겨울날 꼭대기까지 10km나 올라갔다가 하룻밤 재워주지 않아 되돌아 나오면서 욕을 바가지로 한 적도 있다. 중국 사찰에서도 퇴짜 맞는 경우는 한 번도 없었기 때문이다. 이번 한국 순례를 통해 기쁨도 누렸지만 한국 승가의 문제점도 피부로 느꼈다.

한 가지 풀어야 할 석연치 않은 과제가 있었다. 조계종의 근원 도량이라고 할 수 있는 구산선문 최초인 가지산문이다. 비구니 선방으로 한국 대표 도량이라고 할 수 있는 울주 가지산 석남사와 전남 장흥 보림사의 가지산문이다. 즉 가지산문이라고 할 때의 그 '가지산'이란 명칭에 있어서 해결해야 할 화두였다. 출판 편집이 시작되고도 석연치 않아 석남사를 다녀와야 했다.

석남사는 학인 시절에 다녀오고, 20여 년 만의 방문이었다. 도량에 들어서 제일 먼저 한 일은 조사전의 도의 선사 진영을 친견하고 도의 선사 부도탑으로 추정되는 승탑을 찾았다.

오랜 동안 석남사 주지를 역임하셨던 도문 스님 말씀에 의하면, 조사전의 (도의 선사) 진영을 도난당해서 20여 년 전에 새로 조성한 것이고, 가지산문의 종갓집이라고 하지만 실제 도의 선사가 석남사를 창건했다는 학문적인 근거가 없어 안타깝다고 하셨다. 게다가 몇 학자들이 긍정적인 견해보다 부정적인 견해를 주장한다고 하셨다. 하지만 도의 선사가 석남사를 창건하였다고 하는 설에 있어서는 굳이 부정할 필요는 없다고 본다.

첫째, 도의 선사가 784년 입당하여 821년 귀국했으니 당나라 생활이 무려 37년간이었다. 도의 선사는 긴 외국생활을 했었고, 당시 신라 불교는 교종이 우세할 때였으므로 도의 선사 같은 분을 이단으로 보던 때였다. 당연히 도의 선사께서 의지할 수 있는 도량에 머무는 일이 쉽지 않았을 것이다. 영남의 알프스라고 할 수 있는 산들과 인접해 있는 가지산 자락에 토굴(현 석남사)을 지어 스님께서 머물렀을 것이라고 추론해 볼 수 있다.

둘째, 대체로 중국의 승려 이름은 선사가 머물던 산[1] 지명을 그대로 쓴다.《전심법요》의 저자인 황벽희운은 복건성 복청현 출신으로, 그 지역의 황벽산 만복사(萬福寺)에 출가하였다. '황벽산'이라는 이름은 수피(樹皮)를 약재·염료로 쓰는 황벽(黃檗) 나무가 많다고 해서 붙여진 산 이름이다. 황벽희운은 출가한 만복사에서 804년부터 820년까지 16년 동안 주지 소임을 맡았다. 이후 복건성을 떠나 강서성 의풍에 황벽사(임제종의 조정祖庭 사찰)라는 사찰을 창건하고 법을 펼칠 때, 고향의 산 이름인 황벽산을 그대로 따서 불렀다. 그래서 중국의 황벽산은 두 곳인 셈이다. 이렇게 중국의 스님들은 자신이 살던 산 이름을 호나 이름으로 사용한다.

한편 제자들이 스승이 살았던 옛 산 이름을 그대로 따서 사찰명을 삼기도 하고, 스승 이름을 함부로 부를 수 없어 산 이름을 스승의 이름으로 대신하기도 한다.

봉림산문의 초조는 현욱이지만 그 제자인 심희(진경)가 경남 창원에서 산문을 열어 '봉림산문'이라고 하였다. 그런데 현욱이 처음 머물렀던 곳이 경기도 여주 혜목산 고달사이다. 봉림산문의 초조인 현욱이 혜목산에 머물렀다고 하여 후대에 봉림산문을 '혜목산문'이라고도 칭하였다. 물론 이 점은 〈지증대사적조탑비〉에 전하는 사료를 근거로 한다.

이런 정황으로 보았을 때, 가지산문의 3조인 보조체징이 전남 장흥에 산문을 열면서 할아버지 스승이 머물렀던 '가지산' 명을 그대로 따서 붙였으리라는 점을 미루어 짐작할 수 있다. 중국의 선종사는 정확한 자료나 근거를 토대로 하지 않는다. 약간 날조된 감도 있고, 자신의 종파를 주장하기 위한 시대적인 요청으로 만들어진 경우도 많다. 이러한 경우도 학문적으로 인정하건만, 석남사의 경우라면 당연히 도의 선사가 창건한 사찰이요, 조계종의 종갓집이라고 해도 문제되지 않는다고 사료된다.

이 책 내용은 무상·마조의 법연, 마조계 신라 제자 이야기(구산선문)가 함께 다뤄져 있다. 다소 의아하게 여기는 독자들도 있을 것이다. 무상대사는 당연히 마조와 함께 언급되어야 하고, 마조는 당연히 구산선문과 함께 언급되는 것이 정설이다. 필자가 이 책에서 다룬 무상·마조·구산선문을 볼 때, 중간 역할이 마조이지만 신라의 승려들에게 있어 무상 대사는 조국의 선배이고 스승이었다.

사굴산문 범일의 제자인 행적은 사천성 성도 정중사에 방문해 무상 대사 진영에 예를 올렸다는 기록이 있다. 신라국 승려들이 당나라에 들어가 당연히 무상 대사 행적지를 순례코자 했을 터인데, 아마도 당시 무상 대사의 명성은 신라에 널리 퍼져 있었으리라고 추론해 볼 수 있다. 자연스럽게 신라 승려들이 마조계 문하門下에 찾아갔던 것은 마조와 무상의 법연이 신라에 알려져 있었음을 염두에 둘 필요가 있다.

필자가 이 책에서 가장 크게 비중을 두고 있는 주제는 무상 대사이다. 무상과 마조의 사법嗣法 문제를 다루기는 했지만, 법맥이 관계있든 아니든 간에 필자는 크게 마음 두지 않는다.

중요시해야 할 것은 그의 정진력이 중국인들에게 감화를 주었다는 사실이며, 이로 인해 중국불교사에 미친 영향이 지대하다는 점이다. 또한 무상 대사를 비롯해 신라의 구법승들은 타국(당나라)에서 수십여 년을 수행하였다. 진리를 찾아 해탈 열반을 찾아 전 생애를 바친 신라 승려들의 구도열정을 어찌 소홀할 수 있겠는가.

근래까지 무상 대사와 관련해 논문이나 글이 많은 것은 사실이다. 그러나 정작 무상 대사의 선사상이나 그의 인물됨이 대중 속에 파고들지는 못했다. 신라인으로서 대국의 승려들 속에 빛난 존재감은 한국인으로서 자랑스러울 따름이다. 당연히 무상 대사는 종교를 떠나 한국인의 자랑스러운 이미지로 부각되어야 할 것이다.

　무상의 위대한 정진력을 드러내고 무상 대사의 선사상을 연구하는 것 자체는 곧 한국불교 발전에 발판이 되리라고 본다. 앞으로 눈 밝은 학자들의 심도 깊은 무상 연구가 나오를 간곡히 바랄 뿐이다.

무상과 마조의 행적 비교

	무상 대사	마조 선사	선종사
684년	신라 성덕왕의 셋째아들로 출생		
709년		사천성 시방현 출생	706년 대통신수 열반
	신라 군남사 출가		713년 육조혜능 열반
728년	44세 당나라로 들어감 현종(玄宗)을 만남 서안(西安) 선정사에 머묾		
729년		20세, 사천성 시방현 나한사로 출가	
730년 무렵	46세까지 2년간 처적 문하에서 수행	22세 무렵 처적에게서 낙발, 유주(현 중경) 원율사에게서 구족계 수지	
732년 무렵	47~48세 천곡산에서 두타행 처적에게서 법을 받음 다시 천곡산에서 수행	22~24세 사천성 익주 장송산과 호북성 형남 명월산에서 수행	732년 신회가 활대 대운사에서 북종(北宗)을 비판하며 공격함
734년		25세 호남성 남악형산 전법원에서 깨달음 20대 후반을 호남성·강서성 일대에서 수행	당화상인 처적 열반
740년대 초반	740년 / 56세 사천성 성도 정중사에서 개법(開法)	742년 / 34세 복건성 건양현 성적사에서 개법	
740년대 후반 ~ 750년대	정중사·보리사·영국사 등 사천성 일대에서 행화를 펼침	홍주(현 남창) 개원사·의황 석공사·감주 공공산 보화사·리소(理所, 관청) 임천 서리산 등 강서성 일대에서 행화를 펼침	744년 남악회양 열반 755~763년 안사의 난 774년 보당무주 열반 775년 남양혜충 열반 780년 규봉종밀 탄생
756년 무렵	72세 무렵, 현종의 권청으로 대자사로 옮겨감		
762년	세수 79세로 성도 정중사에서 열반		
788년		세수 80세로 강서성 정안 보봉사에서 열반	790년 석두희천 열반

나말여초 구산선문

사법 스승		山門		開山시기	開祖	입당기간	제자	사찰현존 여부
西堂智藏		迦智山	전남 長興 寶林寺	859년	道義	37년 784~821	廉居 → 普照體澄	現存
西堂智藏		實相山	전북 南原 實相寺	828년	洪陟	16년 810~826	片雲 · 秀澈	現存
西堂智藏		桐裏山	전남 谷城 泰安寺	842년	惠哲	26년 813~839	道詵 → 慶甫	現存
鹽官齊安		闍崛山	강원 江陵 崛山寺	851년	梵日	16년 831~847	行寂 · 開淸	現無
麻谷寶徹	마조계 홍주종	聖住山	충남 保寧 聖住寺	847년	無染	24년 821~845	僧亮 · 普愼 · 大通 · 麗嚴 深光 → 玄暉	現無
南泉普願		獅子山	강원 寧越 興寧寺	850년	道允	22년 825~847	折中 → 慶猷 · 如宗	現存
章敬懷暉		鳳林山	경남 昌原 鳳林寺		玄昱	13년 824~837	審希 → 璨幽	現無
仰山慧寂 * 9산선문 제외		五冠山	松岳 龍岩寺	874년	順之	858~858		現無
道信 → 法朗 → 神行 → 遵範 → 惠隱	동산법문 북종	曦陽山	경북 聞慶 鳳岩寺	881년	智詵	不入唐	楊孚 → 兢讓 → 逈超 → 智宗	現存
雲居道膺	청원계 (조동종)	須彌山	황해도 해주 廣照寺	931년	利嚴	15년 896~911	處光 · 道忍	現無
산문 開山한 순서		實相山 → 桐裏山 → 聖住山 → 獅子山 → 闍崛山 → 迦智山 → 五冠山 - 曦陽山 → 須彌山						

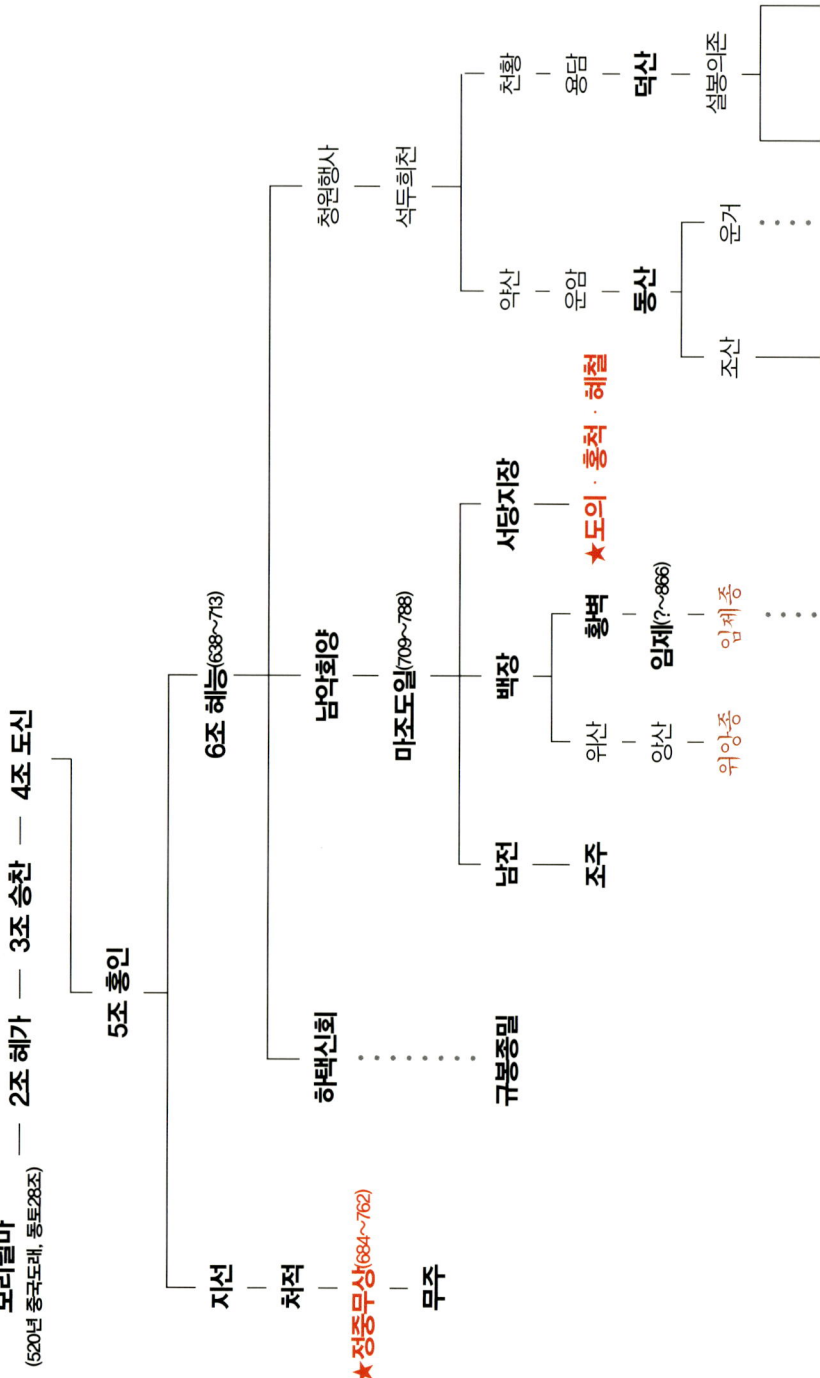

● 중국선종사 법맥도 (본서의 내용을 중심으로 함)

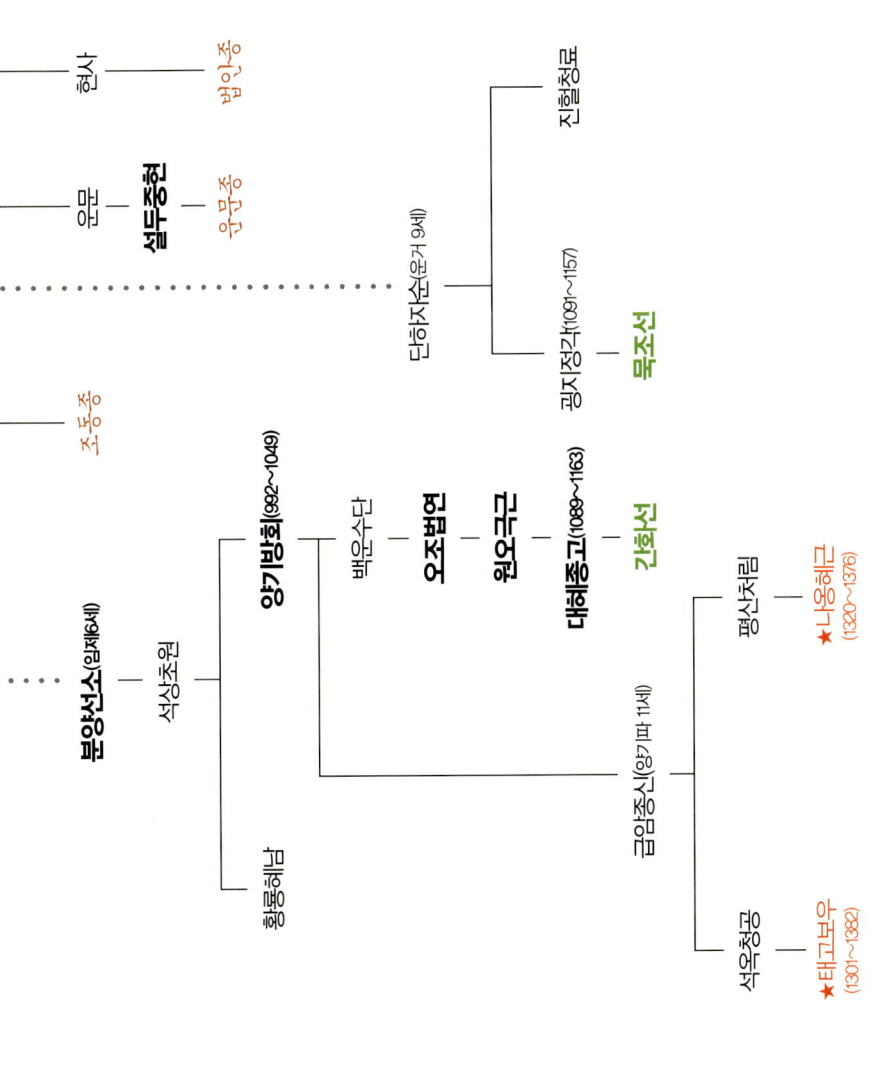

● 한국의 구산선문

❶ 국립중앙박물관(서울특별시 용산구)

① 가지산문 2조 염거 선사 부도탑, 국보 104호
② 봉림산문 2조 진경(심희) 대사 보월능공탑, 보물 362호
③ 봉림산문 2조 진경(심희) 대사 탑비, 보물 363호
④ 봉림산문 3조 진공 대사 묘탑과 석관, 보물 365호
⑤ 성주산문 대경(무염의 손자) 대사 현기탑비, 보물 361호

❷ 혜목산 고달사지(경기도 여주)

봉림산문 현욱이 처음 머물렀던 도량으로
이 산문을 혜목산문이라고도 함

❸ 성주산문 성주사지(충남 보령)

낭혜화상 백월보광탑비, 국보 8호

❹ 실상산문(전북 남원 실상사)

① 증각(홍척) 대사 응요탑, 보물 38호
② 증각(홍척) 대사 응요탑비, 보물 39호
③ 수철화상 능가 보월탑, 보물 33호
④ 수철화상 능가 보월탑비, 보물 34호

❺ 동리산문(전남 곡성 태안사)

① 적인(혜철) 선사 조륜 청정탑, 보물 273호
② 적인(혜철) 선사 조륜 청정탑비

❻ 가지산문(전남 장흥 보림사)

가지산문 3조 보조체징이 창건한 산문
① 가지산문 3조 보조체징 창성탑, 보물 157호
② 가지산문 3조 보조체징 창성탑비, 보물 158호

❼ 설악산 진전사(강원도 양양)

가지산문 도의 선사가 열반 직전 은거한 곳
가지산문 도의 선사 부도탑으로 추정, 보물 439호

❽ 사굴산문 굴산사지(강원도 강릉)

① 범일 선사 부도탑, 보물 85호
② 당간지주, 보물 86호

❾ 사자산문 법흥사(강원도 영월 사자산)

① 사자산문 2조 징효절중 부도탑, 유형문화재 72호
② 사자산문 2조 징효절중 보인탑비, 보물 612호

❿ 흥법사지(강원도 원주 안창리)

봉림산문 3조 진공 대사의 귀부 및 이수, 보물 463호

⓫ 부석사(경북 영주)

신라 선종 선사들이 출가 이전이나 출가 이후,
화엄학을 공부했던 대표적인 도량

⓬ 희양산문(경북 문경 봉암사)

① 지증 대사 적조탑비, 국보 315호
② 지증 대사 사리탑, 보물 137호

⓭ 석남사(울산시 울주 가지산)

도의 선사가 처음 창건한 사찰로 비구니 대표적인 선방도량
도의 선사 부도탑, 보물 369호

⓮ 봉림산문 사지(경남 창원시 봉림동)

봉림산문 2조 진경(심희) 대사가 열었던 산문
진경(심희) 보월능공탑비(보물 363호)가 원래 있던 곳

⓯ 사자산문(전남 화순 쌍봉사)

① 철감도윤 선사탑, 국보 57호
② 철감도윤 선사 탑비의 귀부 및 이수, 보물 170호

⓰ 쌍계사(경남 하동)

① 진감 선사 대공탑비, 국보 47호
② 진감 선사 부도탑, 보물 380호

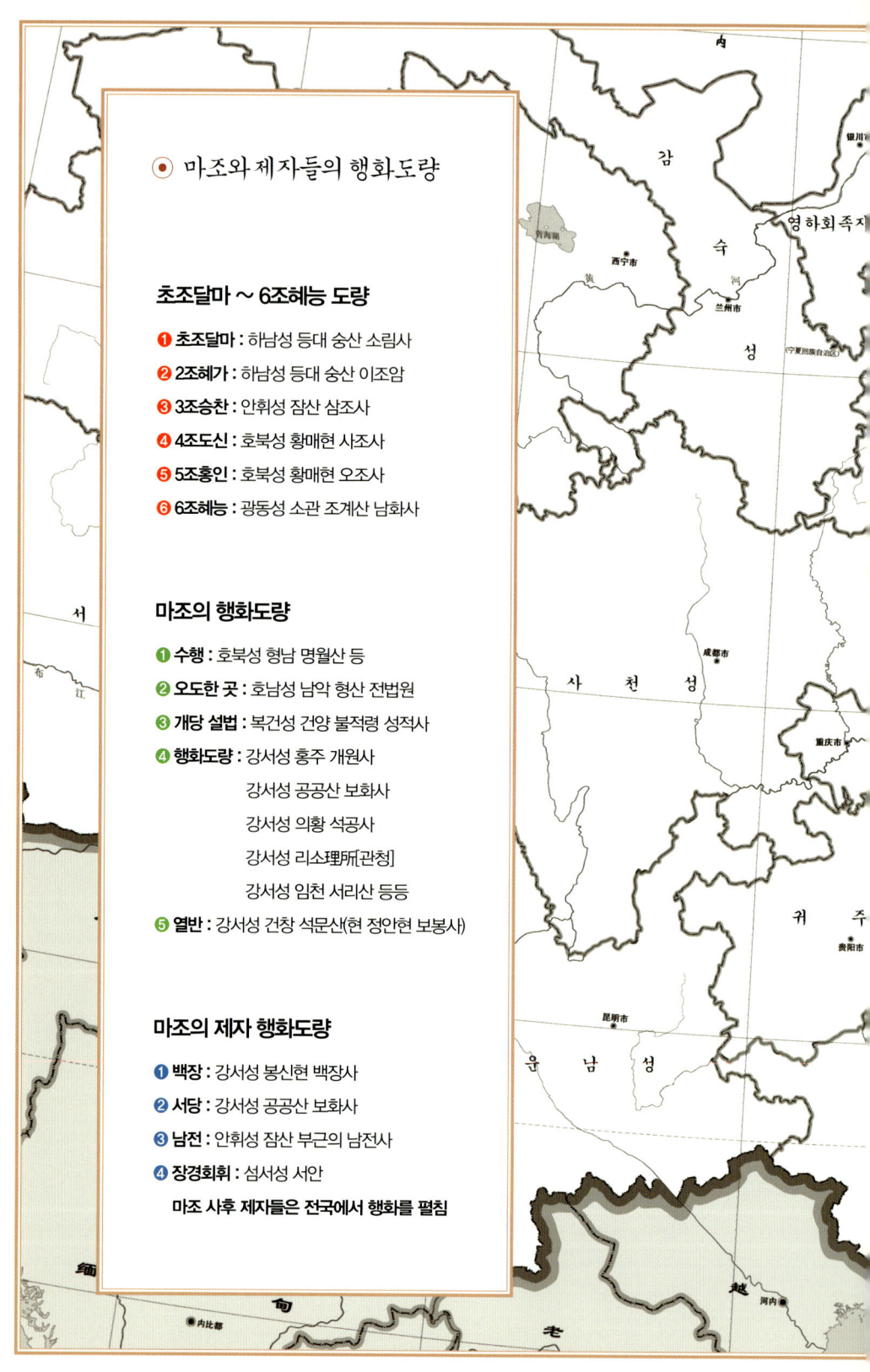

● 마조와 제자들의 행화도량

초조달마 ~ 6조혜능 도량

❶ **초조달마** : 하남성 등대 숭산 소림사
❷ **2조혜가** : 하남성 등대 숭산 이조암
❸ **3조승찬** : 안휘성 잠산 삼조사
❹ **4조도신** : 호북성 황매현 사조사
❺ **5조홍인** : 호북성 황매현 오조사
❻ **6조혜능** : 광동성 소관 조계산 남화사

마조의 행화도량

❶ **수행** : 호북성 형남 명월산 등
❷ **오도한 곳** : 호남성 남악 형산 전법원
❸ **개당 설법** : 복건성 건양 불적령 성적사
❹ **행화도량** : 강서성 홍주 개원사
 강서성 공공산 보화사
 강서성 의황 석공사
 강서성 리숑理所[관청]
 강서성 임천 서리산 등등
❺ **열반** : 강서성 건창 석문산(현 정안현 보봉사)

마조의 제자 행화도량

❶ **백장** : 강서성 봉신현 백장사
❷ **서당** : 강서성 공공산 보화사
❸ **남전** : 안휘성 잠산 부근의 남전사
❹ **장경회휘** : 섬서성 서안
 마조 사후 제자들은 전국에서 행화를 펼침

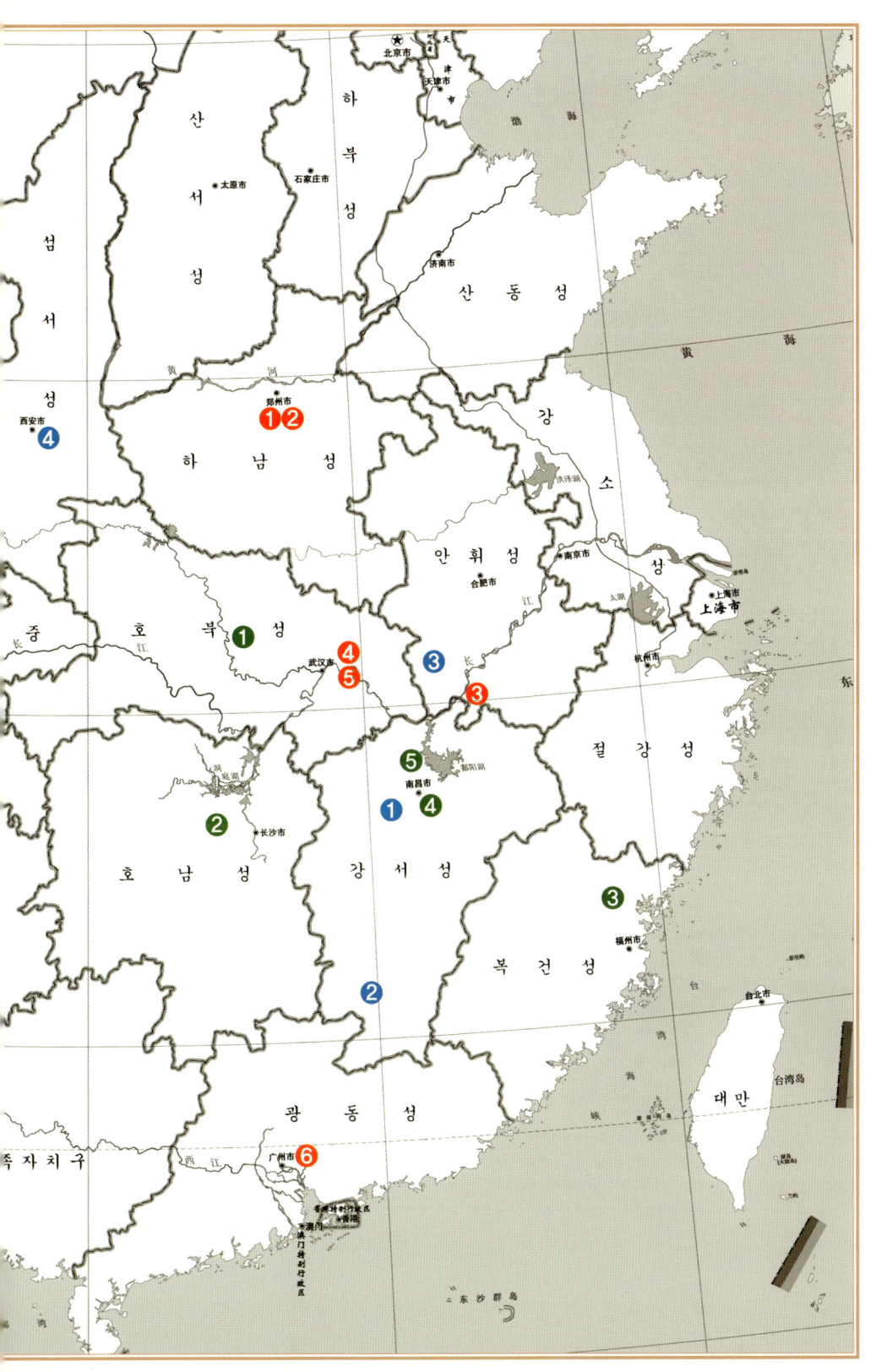

◉ 사천성에서 무상과 마조의 발자취

무상의 발자취

1. **처음 머문 곳** : 섬서성 서안 선정사
2. **두타행 수행처** : 성도 천곡산(현 청성산)
3. **법을 받은 곳** : 자중현 덕순사(현 영국사)
4. **행화 도량** : 성도의 보리사 · 영국사 · 대자사 · 정중사

마조의 발자취

1. **출생지** : 사천성 시방시 마조촌
2. **출가지** : 사천성 시방시 나한사
3. **구족계 수지** : 유주(현 중경시)
4. **구도한 곳** : 용천진 장송산 등

1. 보현도량 아미산
2. 낙산대불
3. 성도 : 문수원, 소각사, 애도원
4. 성도 : 무후사와 두보초당
5. 신도현 : 보광사
6. 삼대현 혜의정사의 사증당비

동아시아 선의 르네상스를 찾아서
— 정운 스님의 무상과 마조, 구산선문 기행기

1판 1쇄 인쇄 2012년 4월 20일
1판 1쇄 발행 2012년 4월 25일

지은이 정운
펴낸이 이태호

편집 김창현
디자인 우진
인쇄 신흥PNP

펴낸곳 클리어마인드
출판등록 제 300-2005-54호
주소 서울시 종로구 수송동 두산위브파빌리온 736호
전화 (02) 2198-5151
팩스 (02) 2198-5153

ⓒ 정운, 2012

ISBN 978-89-93293-29-6 03220

값 18,000원

* 잘못된 책은 교환해 드립니다.
* 이 책은 저작권법에 따라 보호받는 저작물이므로 무단전재와 복제를 금지하며,
  이 책 내용의 일부를 이용할 때도 반드시 지은이와 본 출판사의 서면동의를 받아야 합니다.
* 클리어마인드는 (주)지오비스의 출판브랜드입니다.